다정한
내가
좋다

존중과 공감을 만나는
초등 영화인문학

다정한 내가 좋다

#자존감
#자기기회
#관계와 우정
#공감과 포용

원은정·정현아·김보라 지음

착한책가게

차례

머리말   6

1장 나를 알고 나부터 존중한다
자아발견과 자존감

1. 성장이라는 기적을 만난다 • 센과 치히로의 행방불명   13
2. 나답게 산다는 것의 의미 • 쿵푸팬더 3   27
3. 내 삶은 내가 선택하는 거야 • 모아나   43
4. 내 안의 화를 길들이는 방법 • 드래곤 길들이기   58

2장 나를 넘어 또 다른 나와 만난다
나에게 주는 기회와 꿈

1. 내 안의 목소리에 귀 기울이다 • 겨울왕국 1, 2   73
2. 오늘을 가장 행복하게 살아가는 법 • 소울   90
3. 내 꿈은 누구와 '연결'되어 있을까? • 빅 히어로   106

3장 다정함은 나와 다른 사람을 이어준다
관계와 우정

1. 사람을 할 때 큰 사람이 된다 • 토이스토리 시리즈   123
2. 우정은 경쟁보다 힘이 세다 • 몬스터 대학교   135
3. 서로를 알게 되면 우정도 깊어진다 • 루카   151

4장 차별하지 않고 모두를 존중한다
공감과 포용

1. 공감은 '우리'를 연결해 준다 • 엘리멘탈   169
2. 다르기에 함께하기 더 좋다 • 별별이야기−동물농장   184
3. 편견이 사라지면 평등한 기회가 주어진다 • 주토피아   199

머리말

　이런 상상을 해본 적이 있나요? 애니메이션 캐릭터를 직접 만나는 상상이요. 여러분은 어떤 캐릭터를 만나고 싶나요? 캐릭터를 하나 고르고, 그 캐릭터를 만나면 어떤 기분일지 무슨 말을 할지 상상해 볼래요? 저에게 고르라고 한다면(아! 고르기 쉽지 않지만), 영화 〈엘리멘탈〉의 '웨이드'를 선택하겠어요. 이유는, 이 책의 영화 〈엘리멘탈〉 글에 잘 나와 있답니다.(웃음)
　〈쿵푸팬더〉의 포, 모아나, 〈토이스토리〉의 우디, 〈드래곤 길들이기〉의 히컵, 〈겨울왕국〉의 엘사와 안나, 〈주토피아〉의 주디, 루카와 치히로 그리고 〈소울〉의 조 가드너 등 모두 우리와 함께 성장한 캐릭터들입니다. 영화 속 캐릭터도 영화 안에서 여러 사건과 경험을 통해 성장하고, 우리도 우리의 삶 안에서 여러 상황을 겪으면서 '나'라는 캐릭터를 만들어 갑니다.

여러분은 '나'라는 캐릭터를 어떻게 만들어 가고 있나요? 아니면 어떻게 성장해 가고 싶나요? 지금 답을 하지 않아도 됩니다. 지금 이 책을 만났다면, 책을 읽으며 영화 주인공들의 성장에 감정이입을 하면서, 여러분의 현재 마음과 매순간 성장하는 자신을 들여다보게 될 테니까요.

이 책 차례에 나와 있는 영화 중 어느 영화를 먼저 읽어도 좋습니다. 책장을 넘기다가 먼저 읽고 싶은 영화가 눈에 들어온다면 그것부터 읽는 것도 환영합니다. 읽으면서 내가 영화 속 주인공이라고 생각하면서 상황에 공감하고, 같이 성장하는 느낌을 받으면 좋겠습니다.

영화를 먼저 보고 책을 읽어도 좋고, 이 책을 읽고 영화를 봐도 좋아요. 이 책에서 말하는 해석에 공감해도 좋고, 여러분만의 해석과 질문을 가지면 더 좋지요. 중요한 건, 바로 질문을 갖는 거랍니다.

'나라면 어땠을까?'
'주인공은 거기에서 왜 그런 선택을 했을까?'
'주인공의 변화된 생각은 무엇이지?'
'그 대사가 특히 나에게 와 닿는 이유가 무엇일까?'
'주인공과 나의 닮은 점과 다른 점은 무엇일까?'

또한 이 책을 통해 누군가를 존중한다는 것, 다른 사람을 다정하게 대한다는 것에 대해, 그리고 내 꿈이 누군가와 연결될지에 대해 생각하는 것이 얼마나 행복한 일인지를 여러분이 알기 바랍니다. 그리고 이 모든 것은 타인을 위한 것만이 아니라 나를 위한 것, 즉 모두를 위한 것이라는 것도요.

이 책에서는 영화를 모두 애니메이션으로 선정했어요. 애니메이션은 상상의 범위가 더 넓고 다양하잖아요. 또 아주 어릴 때부터 자연스럽게 만나는 장르이기도 하고요. 애니메이션 캐릭터의 장점들이 여러분 안에서 보석처럼 빛나기를 바라는 마음, 그리고 그런 존재들이 이 세상에 가득하기를 바라는 마음으로 한 문장 한 문장 썼습니다.

아, 어쩌면 우리 이 책을 통해 직접 만날 수도 있을 것 같아요. 이 책의 글로 먼저 소통하게 된 여러분을 강의로나 저자로서 만나게 되면 직접 해주고 싶은 말도 있답니다.

"여러분은 이미 잘 성장하고 있고, 여러분 안에는 다정한 힘이 가득합니다."

이 말이요. 이 세상은 자꾸 남들을 이기라고 말하지만 이미 우리는 알고 있습니다. 누군가를 이겨서 혼자 크게 웃는 것보다 누군가와 함께 웃을 때 그 웃음소리는 더 크며 그 장면은 빛이 난다는 것을 말입니다.

이 책은 이렇듯 다정하게 성장하고 싶은 십대를 위한 책입니다. 자신에 대한 발견과 스스로 주는 기회, 타인과 연결되는 인권, 자신의 꿈은 누군가와 연결된다는 사실, 인간관계 속에 자연스럽게 피어나는 우정에 대한 내용을 담았습니다.

무엇보다 여러분의 '오늘'이 행복하다면 좋겠습니다. 자기 자신에게 진실하며, 타인을 사랑할 줄 아는 여러분이 세상을 밝게 만들고 있습니다.

그 어떤 순간에도 자신 안에 있는 '다정함'을 기억하기를!

이 책이 탄생되기까지 깊이 고민하고 정성 가득한 글을 써 주신 정현아 선생님, 김보라 선생님 그리고 착한책가게 출판사에 특별한 감사를 보냅니다. 함께하여 든든했고 많이 행복했습니다.

저자를 대표하여
원은정 드림

1장

나를 알고
나부터 존중한다

● 자아발견과 자존감 ●

새로운 일을 할 수 있는 용기는 어디서 오는 걸까요?
그건 바로 미야자키 하야오 감독님이 이야기한 '자신감'입니다.
자신감은 아직 해보지 않았지만 해보겠다는 용기를 내는 것을 말해요.
이전에 해봤다고 하더라도, 또 잘 해낼 수 있을지 걱정이 되어도
나 자신을 믿고 시작하는 거죠.

1

 ## 성장이라는 기적을 만난다
센과 치히로의 행방불명

  부모님과 친구들은 여러분을 어떤 이름으로 부르나요? 우리에게는 각자의 이름이 있습니다. 어떤 사람을 설명할 때 그 사람임을 구별해 주는 것이 바로 이름입니다.

  "내 이름은 OOO입니다."

  우리는 누군가에게, 혹은 새로운 곳에 갔을 때 이렇게 자신의 이름을 말하며 자기소개를 합니다. 이름은 나를 나타내는 아주 중요한 표식이니까요.

새로운 이름이 생겼어요

영화 〈센과 치히로의 행방불명〉에 나오는 주인공에게도 이름이 있겠죠? 그렇다면 여기서 잠깐 퀴즈를 내볼게요. '센'과 '치히로' 중에서 주인공의 이름은 무엇일까요? 센은 누구이고, 치히로는 누구일까요? 답을 알 것 같기도 하고 모를 것 같기도 하나요? 사실 센도 치히로도 모두 주인공의 이름입니다. 두 사람이냐고요? 아니요. 둘 다 한 사람의 이름이랍니다.

주인공 치히로는 부모님을 따라 이사를 하는 중입니다. 정들었던 친구들을 떠나 새로운 곳으로요. 이제 새로운 학교도 다니게 되겠지요. 그래서인지 치히로는 잔뜩 심통이 나 있습니다. 자신의 결정이 아니라, 부모님의 결정에 따라 새로운 곳으로 가야 하는 게 싫은가 봅니다.

그렇게 새로운 집으로 가던 중 부모님이 차를 멈추고 내리더니 어두운 터널을 지나 뭔가 수상하고 주인도 없는 식당에 들어섭니다. 그러고는 의자에 앉아서 나중에 계산하겠다면서 음식을 마구 먹기 시작하는 게 아니겠어요? 치히로는 자기 가족 말고는 사람이 아무도 없는 이곳이 왠지 마음에 들지 않습니다. 그래서 부모님과 어서 이곳에서 나가고 싶어 하지요. 하지만 맛있는 음식들에 빠진 부모님은 갈 생각을 안 합니다. 치히로는 잠시 주변을 살펴보다가 너무 이상하다고 생각하면서 "엄마, 아빠, 집에 가자. 나 집에 가고 싶어."라고 외칩니다.

그런데 아니, 세상에! 음식을 마구 먹던 부모님이 돼지로 변해 있는 게 아니겠어요? 치히로 가족이 도착한 곳은 바로 요괴들의 세상이었습니다. 부모님은 돼지로 변했고, 다른 사람도 없고 이제 치히로를 보호해 줄 사람은 세상에 아무도 없습니다.

그렇게 밤이 깊어지고 치히로는 어쩔 수 없이 요괴들의 세상에 머물게 됩니다. 그리고 살아남기 위해, 또 부모님을 구출하기 위해 요괴들이 이용하는 온천장에서 일하려고 하지요.

"일하게 해주세요! 일하게 해주세요!"

'하쿠'라는 소년의 조언을 받은 치히로는 계속 시끄럽게 외쳐서 요괴 온천장의 주인인 유바바와 계약을 맺고 직원으로 일하게 됩니다. 열 살밖에 안 된 치히로로서는 이 모든 일이 얼마나 두렵고 무서울까요? 여러분이라면 치히로처럼 무서운 온천에서 일하기 위해 계약서를 쓸 수 있을 것 같나요? 아마도 부모님을 구출해서 자신이 살던 세상으로 돌아갈 방법이 그것뿐이라면 누구라도 그렇게 할 겁니다. 그런데 여기서 한 가지! 온천장 주인인 유바바는 치히로와 계약하면서 치히로에게 다른 이름을 내려 줍니다. 그 이름이 바로 '센'이에요.

치히로는 일을 하기 위해 새로운 이름을 받고는 어쩔 수 없이 자신의 본래 이름이 아닌 센으로 살아가기로 합니다. 치히로에서 센으로, 다른 사람으로 태어난 것처럼 말이죠. 치히로는 이제 부모님한테 기대어 찡찡거리는 어린아이가 아니라, 자신에게 맡겨진 일을 하며 부모를 구출할 용기와 힘을 내야 하는 센으로 살아가야 합니다. 우리 치히로, 아니 센은 잘 해낼 수 있을까요?

출처:〈센과 치히로의 행방불명〉

요괴들의 세상에서 부모님을 구출해야 하는 치히로는 온천장 주인 유바바에게 조른 끝에 온천장 직원으로 일하게 되고 '센'이라는 새 이름을 얻습니다.

나는 아직 어린데 혼자서 해낼 수 있을까?

센이 된 치히로는 익숙하지 않은 요괴 세계에서 이제 혼자 모든 걸 해내야 합니다. 금방이라도 눈물이 흘러나올 것 같습니다. 하지만 스스로 살아남아야 하고 부모님도 구출해야 하니 서럽고 힘들어도 꿋꿋하게 참아냅니다.

센의 나이는 열 살이잖아요. 열 살이면 아직 많이 어리고 부모의 보호 아래 어리광을 피우며 살아갈 나이입니다. 그렇지만 또 한편으로 열 살은 스스로 할 수 있는 게 많은 나이이기도 하지요. 마음만 먹으면 스스로 라면을 끓여 먹을 수도 있고, 필요한 준비물을 스스로 챙길 수도 있고, 내 방을 청소할 수도, 힘든 누군가에게 손을 내밀어 큰 도움이 될 수도 있어요.

이 영화를 만든 미야자키 하야오 감독님은 왜 주인공 나이를 열 살로 했는지에 대해 이렇게 이야기했다고 해요.

"열 살을 맞이하거나 경험하고 있는 아이들에게 '괜찮아, 너는 할 수 있어.'라는 자신감을 심어 주고 싶었어요."

열 살이 되면 내가 어떤 사람인지, 어떤 사람이 되고 싶은지에 대해 많은 생각을 하기 시작합니다. 또한 가족과 친구를 비롯한 주변 사람과 좋은 관계를 맺으려고 노력하지요. 어린아이에서 조금씩 벗어나는 시기이기도 하고요. 주인공 치히로가 센이 되는 과정은 바로 이를 표현한 것입니다. 어린아이의 모습에서 서서히 어엿한 한 사람으로 스스로 성장해 가는 과정을 말이죠. 특히 초등학교 고학년인 4학년에서 6학년이 이러한 시기라고 할 수 있습니다.

한 가지 비밀을 알려줄까요? 어른을 포함해서 우리 모두는요, 내가 어떤 일을 할 수 있을지 없을지 잘 모른답니다. 새로운 것을 시도해 보고 싶을 때 뭐든지 해보기 전에는 걱정되고 두렵고 어려울 것 같은 느낌이 들어요. 어른이 되어서도 한 번도 해보지 않은 걸 시도하려 하면 늘 걱정이 앞선답니다.

그렇다면 새로운 일을 할 수 있는 용기는 어디서 오는 걸까요? 그건 바로 미야자키 하야오 감독님이 이야기한 '자신감'입니다. 자신감은 아직 해보지 않았지만 해보겠다는 용기를 내는 것을 말해요. 이전에 해봤다고 하더라도, 또 잘 해낼 수 있을지 걱정이 되어도 나 자신을 믿고 시작하는 거죠. 미리 짐작해서 '아마 나는 이걸 못 할 거야. 나는 아직 어린걸.' 하고 움츠러드는 게 아니라, '그래, 한번 해보자.' 하는 마음으로 도전해 보는 거예요. 그리고 그걸 해냈을 때 갖게 되는, '내가 해냈어.' 하는 마음이 바로 '자부심'이랍니다.

어른들도 마찬가지예요. 누구나 자신이 무엇을 할 수 있는지 잘 몰라요. 오직 '해보는 것'밖에 방법이 없답니다. 그걸 이 영화가 말해 주고 있네요. 아직 열 살밖에 안 된 치히로는 센이라는 다른 이름으로, 한 번도 경험해 보지 못한 요괴의 세계에서 놀랍게도 아주 일을 잘 해냅니다. 물론 힘들고 부모님이 보고 싶어서 가끔은 울기도 하지요. 하지만 조금씩 용기를 내어 요괴 온천장에서 인정받는 직원이 되어갑니다. 우리 치히로, 참 기특하죠?

어엿한 나 자신이 되어가는 중입니다

센은 요괴 세상에서 자신이 인간이라는 것을 들킬까 봐 무섭습니다. 또 처음 해보는 일이라 서툰 데다 하쿠의 도움을 한없이 받을 수도 없어서 외롭기도 합니다. 그렇지만 자신이 열심히 일을 해야 돼지가 된 부모님을 구출할 수 있고, 자신도 요괴 세상을 탈출해서 인간 세계로 갈 수 있습니다. 그래서 힘든 일을 마다하지 않고 최선을 다해보려고 합니다.

센이 해낸 일 가운데 강물의 신을 치료한 이야기를 들려줄까요? 인간들이 강물에 온갖 쓰레기를 버리는 바람에 강물의 신은 완전히 오염이 됩니다. 그래서 고약한 냄새와 쓰레기로 범벅이 되어 온천장을 찾습니다. 아무리 신이라도 쓰레기를 잔뜩 안고 사는 건 힘들겠죠. 강물의 신은 오물더미를 몸에 안고 힘겹게 온천장으로 들어옵니다.

그런데 숨이 막힐 정도로 냄새가 심해서 온천장 직원들 모두 코와 입을 틀어막고 도망가기 바쁩니다. 이때 센은 최선을 다해서 손님인 강물의 신에게 맑은 물과 약품을 붓습니다. 같이 일하는 언니를 도와서 고약한 냄새를 꾹 참고 일을 해내죠.

그러다가 센은 강물의 신 옆구리에 엄청난 쇠가 박혀 있는 걸 보게 되고 온 힘을 다해 그걸 빼내게 되지요. 그 순간 강물의 신 몸에 가득 들어있던 쓰레기가 우르르 쏟아져 나오고, 마침내 강물의 신은 깨끗하고 맑은 본래의 모습을 되찾게 됩니다. 이 모든 것이 바로 센이 꿋꿋하게 열심히 일했기 때문에 가능한 일이었죠.

강물의 신은 센에게 고맙다며 마법의 약을 선물합니다. 그 약은 아마도 부모님의 몸에 걸린 저주를 풀 수 있는 치유의 힘이 있는 것 같아요. 센은 그 약을 돼지가 된 부모님에게 먹여서 인간의 몸으로 돌아오게 하려고 잘 간직합니다. 희망이 생겼네요, 그렇지요? 만약에 센이 다른 직원들처럼 코를 틀어막고 도망갔다면 이런 희망은 생

온천장에 온 오물더미 강물의 신을 최선을 다해 치료하는 센. 센 덕분에 강물의 신은 본래의 깨끗한 모습을 되찾습니다.

출처: 〈센과 치히로의 행방불명〉

기지 않았을 겁니다. 우리 센, 참 대단합니다.

센은 자신을 따라다니며 금을 선물하는 가오나시의 유혹에도 넘어가지 않습니다. 자신에게 금은 필요하지 않다며 거절을 하죠. 만약 센이 가오나시의 금이 욕심나서 금을 계속 받았다면 다른 직원들처럼 가오나시의 먹이나 노예가 되었을 거예요. 이처럼 센은 자신에게 필요한 것과 필요하지 않은 것을 구분할 줄 아는 아이였어요. 괜한 욕심으로 돈의 노예가 되지 않는 점도 참 멋집니다.

이제, 센은 어리광 부리고 찡찡대던 이전의 모습에서 벗어나 어엿한 한 사람으로 우뚝 서게 됩니다. 이전의 나에서 '새로운 나'로 성장하게 되지요. 심술부리고, 두려워서 눈물 흘리고 걱정의 노예가

"전 필요 없어요. 됐어요." 자신에게 필요한 것과 필요하지 않은 것을 구분할 줄 아는 센은 금으로 유혹하는 가오나시에게 이렇게 말하며 거절합니다.

출처:〈센과 치히로의 행방불명〉

되는 게 아니라 최선을 다해서 자신에게 맡겨진 일을 해내는 아이가 된 겁니다. 이제는 부모의 도움 없이도 살아갈 수 있는 독립된 '나'로 성장한 거예요. 이런 경험을 통해, 이제 센은 이전 이름인 치히로로 살았던 인간 세상으로 돌아가도 자신감 있게 자신이 해야 할 일을 스스로 해내는 멋진 사람이 될 것 같은 느낌이 드네요.

여러분도 앞으로 점점 성장할 거고 스스로 해낼 수 있는 게 많은 사람이 되어갈 겁니다. 하지만 어른이 된다고 해서 누구나 다 독립적인 한 사람으로 싱장하는 건 아니랍니다. 어른이 되어서도 다른 사람에게 의존하는 사람도 있어요. 그렇지만 분명한 것은, 내가 나 자신으로 우뚝 설 때 그것이야말로 가장 고귀한 성장이라는 겁니다.

우리가 지닌 성장의 힘, 그것이 기적

여러분은 '앨버트 아인슈타인'이라는 분을 알고 있나요? 너무나도 유명한 분이고 똑똑한 사람의 대명사라서 한 번쯤은 이름을 들어 봤을 겁니다. 아인슈타인은 많은 명언으로 사람들에게 감동을 주기도 했답니다. 그중에 여러분에게 소개하고 싶은 명언이 있어요.

"인생을 살아가는 데는 오직 두 가지 방법밖에 없다. 하나는 아무것도 기적이 아닌 것처럼, 다른 하나는 모든 게 기적인 것처럼 살아가는 것이다."

어떤가요, 마음에 드나요? 이 말을 여러분에게 하는 이유는 여러분 안에는 큰 힘이 있고, 그 힘이 나 자신을 성장시켜 주는 '기적'이라는 걸 알려주고 싶어서입니다. 여러분이 보기에도 세상 사람들 중에는 영화 속 하쿠처럼 다른 사람을 돕는 좋은 사람도 있고, 유바바처럼 다른 사람을 이용하는 나쁜 사람도 있죠? 그 사람들은 처음부터 그랬을까요? 분명 아닐 겁니다. 인간이 성장한다는 것은 몸만 훌쩍 크는 걸 의미하는 게 아니에요. 더 올바른 길이 무엇인지 알고 그 방향으로 선택을 하는 것이 성장입니다. 더 올바른 길이라는 것은 스스로 할 일을 해낼 줄 알고 다른 사람과도 함께 행복한 길을 말합니다.

센은 이제 이전의 어린아이가 아닌 어엿한 한 사람이 되었잖아요? 그런데 거기서 그치지 않아요. 강물의 신이 준 마법의 약으로 하쿠 몸속에 들어있는 유바바의 저주를 뱉어내게 하고 이름도 되찾아 줍니다. 자신과 자신의 부모만이 아니라 하쿠도 구출해서 본래의 모습으로 돌아가게 해준 거죠. 또 유바바와 거래를 해서 돼지가 된 부모님도 구해냅니다. 그리고 마지막으로, 자신의 본래 이름인 '치히로'로 돌아가게 되지요.

여러분은 이미 눈치 챘겠죠? 센으로 살고 난 후의 치히로는 센 이전의 치히로와 겉모습만 같을 뿐 차원이 다른 자신감을 가진 사람이 되었다는 걸 말입니다.

우리는 가만히 있어도 나이가 들면서 성장합니다. 성장은 기쁜 일이죠. 성장을 하면 스스로 할 수 있는 일이 많아지고, 하고 싶은 일을 마음껏 할 수 있습니다. 그 과정에서 나만 잘 살겠다는 마음이 아니라 다른 사람을 생각하는 선한 마음이 내 안에 있다는 걸 기억하세요. 그리고 그 마음을 선택해서 살아가는 것이 기적이라는 사실도 꼭 기억하길 바랍니다. 세상을 더 아름답게 만드는 힘이 여러분 안에 있답니다.

나와 연결하여 생각해 보기

1. 영화 속 이 대사는 무슨 의미일까?

   1) 하쿠: "이름을 뺏기면 돌아가는 길을 잊게 돼."

   하쿠는 치히로에게 왜 이름을 뺏기면 안 된다고 말했을까요?
   이름을 뺏긴다는 것은 무슨 의미일지 내 생각을 적어 보세요.

   _____

   _____

   2) 제니바: "한번 일어난 일은 잊을 수 없는 법! 다만 생각이 안 날 뿐이지."

   이미 일어난 일은 머릿속에서 기억이 나진 않지만 잊지는 않는다는 말이 무슨 말일까요?
   머릿속에서 기억나지 않지만 우리의 무엇이 잊지 않고 있는 것일지 내 생각을 적어 보세요.

   _____

   _____

2. 내가 좋아하는 영화 속 장면을 말해 주세요. 그 장면이 좋은 이유가 무엇인가요?

_____

_____

_____

_____

3. 영화 속 이야기를 바꿔 보세요. 내가 이 영화의 감독이라면 바꾸고 싶은 장면이나 스토리가 있나요? 자유롭게 상상해 보아요.

_____

_____

_____

_____

나답게 산다는 것의 의미
쿵푸팬더 3

무술의 대가, 용의 전사, 마을을 지키는 영웅, 쿵푸 마스터, 무적의 5인방을 훈련시키는 스승.

자, 여러분은 이런 말들을 들었을 때 어떤 이미지가 떠오르나요? 강력하고, 날렵하며, 매섭고, 그러면서도 힘과 용기로 가득한 존재가 떠오르지 않나요? 게다가 쿵푸라는 무술의 대가라면 모든 것을 깨달은 도인의 경지라 항상 평온하면서도 어떠한 적이 나타나도 다

무찔러 줄 것 같잖아요. 구체적으로 한번 상상해 보자고요. 겉모습과 성격과 분위기 그리고 주변 존재들을 압도하는 카리스마까지.

저도 여러분과 같이 상상을 하고 있는데요, 엥? 제가 상상하던 얼굴이 날렵하고 매서운 얼굴에서 팬더의 얼굴로 바뀌고 있어요. 바로 영화 〈쿵푸팬더〉 시리즈의 주인공 '포'입니다. 네, 맞아요. 저는 〈쿵푸팬더〉 시리즈를 그동안 많이 봐 와서 앞서 한 말이 모두 포를 가리키고 있다는 걸 알고 있었답니다.

여전히 혼란스러운 '용의 전사'

그렇지만 여러분도 알고 있는 것처럼 포는 강력하고 날렵하고 매서운 것과는 거리가 멀고, 주변을 압도하는 카리스마도 전혀 없답니다. 가끔 그런 모습이 보이기는 하지만 포는 팬더이기 때문에 느리게 움직이고, 여유롭고, 겁도 많고, 소심하고, 엉뚱하고, 카리스마가 있다기보다는 귀엽지요. 물론 쿵푸 연습을 많이 한 덕분에 이제는 숨을 들이마시면서 힘을 주면 배가 쏙 들어가는 것을 연마하기는 했지요.

하지만 평소의 포는 여전히 커다란 엉덩이와 배를 출렁이며 엄청난 양의 만두와 국수를 먹어 치운답니다. 이런 포에게 시푸 사부는 앞으로 스승이 되어 무적의 5인방을 가르치라고 합니다.

"제가요?"

깜짝 놀라며 자신 없어 하는 포. 아니나 다를까 스승으로 데뷔한 첫날부터 우왕좌왕하며 무적의 5인방을 조금씩 다치게 합니다. 역시 자신은 아직 스승이 될 수 없다며 울적해졌어요.

포는 울적한 마음을 국수로 달래려고 아빠의 국수집에 들릅니다. 그런데 어머나 글쎄! 헤어졌던 아빠를 만난 거 있죠. 〈쿵푸팬더〉 영화를 본 사람이라면 알겠지만, 포는 국수집 아들이고, 아빠는 거위랍니다. 거위아빠가 팬더를 낳은 건 아닐 테니 분명 포를 낳아 준 친아빠가 있을 테죠. 바로 그 팬더아빠를 만난 것이죠. 친아빠라 그런지 어쩜 먹성을 쏙 빼닮았네요.

이렇게 포가 아빠를 만나고 있을 무렵, 저승에서 온 악당 카이가 온 마을 사람들과 시푸 사부의 영혼을 빨아들이고 있습니다. 엄청난 힘을 지닌 카이는 그 능력치가 굉장해서 무적의 5인방 영혼도 흡수해 버렸어요. 심지어 저승에 있는 우그웨이 거북 사부의 영혼까지도요. 이런 괴력을 지닌 카이를 과연 포 혼자서 감당할 수 있을까요?

잠깐 여기서 〈쿵푸팬더〉 시리즈의 악당 계보를 한번 알아보겠습니다. 1편에서는 시푸 사부의 제자이자 용의 전사가 되지 못한 것을 마을에 앙갚음하는 타이렁이, 2편에서는 온 세상을 자신의 발 아래 두기 위해 공포의 대포를 개발한 쉔이, 3편에서는 상대방의 영혼을 흡수해서 자신의 노예 좀비로 만들어 버리는 카이가 악당입니다. 악당은 1편보다 2편이, 2편보다 3편이 더 강력해집니다. 포는 1편과 2편에서도 악당을 겨우 물리쳤는데 3편에서 과연 저승에서 온 카이를 물리치고 자신의 사부와 친구들을 잘 구해낼 수 있을까요?

용의 전사가 된 지 한참 되었지만 여전히 포는 자신의 능력이 어느 정도인지 가늠하지 못하고, 누군가를 가르치는 것은 더더욱 할 수 없다며 좌절하는 등 혼란스러워 보입니다. 강력한 악당을 한 번 무찌르고 나면, 무술 능력을 연마하고 나면, 용의 전사라는 영웅으로 선택되고 나면 모든 게 완성되고 완벽한 존재가 될 거라고 생각하기 쉽지만, 이 영화는 그게 아니라고 말하고 있네요. 어떤 존재가 어느 단계에 이르렀다고 해서 그것으로 끝나는 것이 아니라고 말이에요. 실제로 포에게는 이후에도 계속해서 자신이 어떤 존재인지, 자신이 무엇을 할 수 있는지 알게 해주는 일이 일어납니다.

한편, 자신 말고는 한 번도 팬더를 본 적이 없는 포는, 친아빠를

출처:〈쿵푸팬더 3〉

따라 팬더들이 숨어서 모여 사는 마을로 들어갑니다. 우그웨이 사부가 예언한, 카이를 무찌를 수 있는 기술을 전수받기 위해서요. 그러면서 동시에 자기 자신에 대해 계속해서 질문을 합니다. 자신은 진정한 용의 전사인지, 스승으로서 자격이 있는지, 팬더다운지, 얼굴도 보지 못했지만 엄마에게 자신이 어떤 존재였는지…. 포는 이전보다 더 스스로에 대한 질문이 많아진 것 같습니다.

이러한 포의 모습을 보면서 여러분과 나누고 싶은 말이 생각났습니다. 우리는 끊임없이 자기 자신이 누구인지를 물어 가는 과정에 있다는 말이요. 무엇 무엇에 도달하는 것이 중요한 게 아니라, 더 온전하게 자기 자신이 되어가는 것이 삶이라는 것 말입니다.

포는 기를 터득하기 위해 친아빠와 함께 팬더들의 마을로 갑니다. 포는 과연 기를 전수받아 악당 카이를 물리치고 세상을 구할 수 있을까요?

출처 : 〈쿵푸팬더 3〉

'나답게' 해야 진정한 힘을 가질 수 있다

포는 용의 전사가 된 이후에 용의 전사답게 살기 위해 부단히 노력했어요. 더 날렵하고 강력하고 부지런해지기 위해 노력했지요. 그래서 팬더 가운데 아마도 이런 팬더는 없다 싶을 정도로 뛰어난 무술 실력자가 됐습니다. 게다가 팬더 마을에 오랫동안 전해 내려오는 비법인 '기'를 배울 기회까지 왔어요. '기'는 카이를 무찌를 수 있는 유일한 방법이거든요.

카이를 무찌를 '기' 비법을 배우려고 포는 열정 가득하게 아침 일찍 일어나서 팬더아빠에게 달려갑니다.

"저 준비됐어요."

"아니야. 팬더답게 더 자렴."

팬더아빠는 포에게 '팬더답게'를 강조하는데, 예를 들면 이러한 것들입니다. 늦게 일어나기, 노을 바라보며 몸의 힘 빼기, 걸어가기보다는 구르기, 먼 거리는 도구의 도움을 받아 한 번에 튕겨 날아가기…. 아니 도대체 이런 기술로 어떻게 카이를 물리칠 수 있을까요? 포는 그동안 용의 전사로 살아와서 팬더답게 힘 빼기가 쉽지 않습니다. 구르는 것도 어설프고, 튕겨 날아가기를 할 때도 긴장해서 바

위에 부딪히는 등 좌충우돌이네요. 그렇지만 이내 서서히 팬더 문화에 적응하기 시작합니다.

여기서 잠시 여러분과 같이 생각해 보고 싶은 게 있습니다. 과연 '나답게'라는 말의 의미가 무엇일까요? 나는 이미 이렇게 존재하는데 자꾸 나 자신이 되라는 말은 무슨 뜻일까요?

먼저, 영화 속 대사를 같이 생각해 보기로 해요.

"다른 누구도 아닌, 가장 나다울 때 진정한 힘을 가질 수 있다."

우리는 다른 사람의 뛰어난 모습을 보면 그렇게 되고 싶어 합니다. 잘났다고 생각되는 누군가를 닮고 싶어 하죠. 그 사람처럼 되어야 내가 가치 있어 보이고, 행복해질 것 같거든요. 그에 비해 내가 뛰어나지 못하다고 생각되면 지금의 내 모습이 초라하고 밉게 느껴지기도 합니다.

이런 생각은 여러분이 앞으로 지금보다 더욱 자주 느낄 수도 있는 감정입니다. 여러 경험을 해나가면서, 기대한 만큼에 못 미쳐 좌절하거나 비교로 인한 열등감을 느끼게 되는 경우가 많거든요. 그러나 이 또한 걱정할 게 없습니다. 앞에서 말했던 것처럼 이 모든 것은 온전히 나 자신이 되어가는 과정이며 그 자체로 의미가 있기 때문입니다.

다른 사람이 지닌 뛰어난 모습만을 보면서 그것을 따라 하려고 하다 보면, 그것에 도달하지 못하는 나 자신이 초라하게 느껴지기도 하고, 나보다 뛰어난 그 사람이 미워지기도 하죠. 이것은 마치 팬더가 원숭이처럼 되고 싶은데, 원숭이처럼 나무를 잘 타지도 못하고 빠르지도 못해서 스스로를 초라하게 생각하고, 원숭이를 부러워하면서 미워하는 모습과 다르지 않습니다. 이런 팬더를 보면 여러분은 뭐라고 말해 주고 싶나요?

"팬더야, 팬더 너는 그 자체로 얼마나 사랑스러운데."

이렇게 말해 주고 싶지 않나요? 팬더는 팬더답게, 호랑이는 호랑이답게, 원숭이는 원숭이답게!! 만약 팬더가 원숭이처럼 되고 싶어서 그렇게 행동한다 해도, 원숭이만큼 하지 못할 뿐만 아니라 팬더도 원숭이도 아닌 어정쩡한 모습일 겁니다. 개성과 고유성이 전혀 느껴지지 않겠지요.

악당 카이는 자신의 힘을 키우기 위해서 내면의 성장에 노력을 기울이는 것이 아니라, 다른 사람의 에너지와 영혼을 빼앗는 데만 집중합니다. 다른 존재의 영혼을 자기 마음대로 조정하고, 모든 존재를 지배하려고 하죠. 힘 자체는 강할 수 있겠지만 그것은 자신 안에서 나오는 힘이 아니기 때문에, 어쩌면 카이의 내면에는 진정한 자아는 없는지도 모르겠습니다.

그나저나, 도대체 팬더아빠는 포에게 언제 '기'를 전수해 주려고 하는 걸까요? 여러분, '기'가 무엇인지 알고 있나요? 시푸 사부는 '기'를 "모든 생명체 안에 흐르는 에너지"라고 했어요. '기'는 생명의 근원이라고 합니다. 자신의 생명 그 자체가 가진 힘을 온전히 신뢰할 때 기는 다른 생명을 살리는 힘을 갖는다고 합니다. 우리나라 말에도 '기가 세다, 기가 약하다, 기선제압, 기가 느껴진다'와 같은 말이 있는데요, 여러분은 여러분 안에 있는 '기'의 힘을 느끼나요? 포 역시 기의 힘을 발휘하는 법을 전수받아 카이를 물리쳐야 할 텐데 말이죠.

나는 모든 것과 연결된 존재이며
나를 알고 나면 선택할 수 있다

포는 팬더 마을을 지키기 위해 팬더들을 자기만의 방식으로 훈련시킵니다. 모두가 좋아하는 만두를 활용한 발차기, 구르기를 이용한 공격법, 힘껏 안아주는 기술을 이용해서 상대방을 쓰러뜨리기, 리본 춤을 이용하여 상대방을 꽁꽁 묶어두기… 이렇게 팬더들 각자의 특징을 살려 저마다의 능력, 즉 무기를 개발하게 하죠.

그런데 포가 기를 전수받기도 전에 악당 카이는 기어이 팬더들이 숨어 살던 마을을 찾아냅니다. 마을을 파괴하고 모두의 영혼을 빼앗겠다고 하네요.

포에게 훈련받은 팬더들이 힘을 모아 카이를 향해 총공격! 그렇지만 카이에게는 영혼을 빼앗긴 좀비들이 있어서 이기기 쉽지 않습니다. 마침내 포는 카이와 일 대 일로 맞붙고, 포 특유의 쿵푸권법인 손가락 권법을 사용하죠. 바로 1편의 악당 타이렁을 물리쳤던 그 권법입니다. 그런데 이럴 수가! 손가락 권법은 살아있는 존재에게만 통하는 권법이었던 거예요. 카이는 저승에서 온 존재라 손가락 권법이 전혀 통하지 않습니다. 오히려 역으로 공격을 받은 포는 만신창이가 되지요.

게다가 알고 보니, 팬더아빠는 포를 데려오기 위해 팬더들이 가진 힘이라던 '기'에 대해 자신이 알고 있다고 했지만, 사실은 '기'를 어떻게 사용하는지 몰라서 알려줄 수가 없습니다.

포는 망연자실하여 모든 걸 포기하고 팬더들에게 어서 도망가라고 외칩니다. 지켜 줄 수 없다는 사실에 너무나 슬퍼하면서 말이죠.

이때, 포는 손가락 권법이 살아있는 생명체에만 통한다는 걸 생

카이와의 대결에서 포는 손가락 권법을 사용합니다. 하지만 이 권법은 살아있는 자에게만 통하는 것이어서 영혼계의 전사인 카이에게는 통하지 않네요. 그러자 포는 기발한 생각을 해냅니다.

출처 : 〈쿵푸팬더 3〉

각해 내고는 재빨리 카이를 온 팔로 감싸 안습니다. 그러고는 자신의 한 손으로 다른 손의 손가락을 잡고 조금도 망설이지 않고 자신을 향해 손가락 권법을 실시합니다. 순간, 포와 카이의 몸은 사라지고 그 자리에는 복숭아 꽃잎만 휘날립니다. 이렇게 포는 자신을 희생하여 카이를 저승으로 데리고 옴으로써 모두를 지켜냅니다.

저승으로 끌려와 불같이 화가 난 카이는 모든 힘을 끌어모아 포를 공격합니다. 포는 이미 한 번 죽었지만, 이제 영혼마저도 카이에게 잠식당할 위기에 놓입니다.

그런데 마지막 순간, 포의 몸에 이승에서 보내는 신호가 하나둘씩 들어오는 게 아니겠어요? 마치 전등이 켜지듯이 몸 안에 있는 에너지가 빛을 발하기 시작하는 겁니다. 어떻게 된 일일까요? 바로 이승에 있는 모두가 포를 생각하며 자신의 기를 온전히 포에게 기울였던 거예요. 기는 바로 연결된 모든 존재들이 내뿜는 사랑의 힘이었던 것입니다. 포는 그렇게 이승에서 보내오는 모두의 기(사랑)를 받아 다시 살아납니다. 뿐만 아니라, 자신이 모두와 연결되어 있다는 사실을 떠올리면서 오랫동안 찾아 헤맨 '나는 누구인가?'에 대한 답을 찾게 됩니다.

"나는 팬더의 아들인가, 아니면 거위의 아들인가? 제자인가, 아니면 스승인가? 알고 보니 이 모든 게 나였어."

그렇게 답을 찾은 포는 자신이 지닌 진정한 힘을 모두 발휘하여 카이를 무찌르고 다시 이승으로 돌아옵니다.

포는 깨달은 것입니다. 자신이라는 존재는 하나로 규정할 수 있는 게 아니라는 것을요. 팬더의 아들이기도 하고 거위의 아들이기도 하며, 배우는 제자이기도 하고 누군가를 가르치는 스승이기도 한 존재, 다시 말해 모든 과정을 살아내고 있는 그 자체가 자신이라는 것을 말입니다. 힘이 약하기도 하고 강하기도 하며, 느리고 엉성하기도 하고, 재치 있고 용기 있기도 한 모습, 그 어느 것 하나 자신이 아닌 것이 없다는 사실을 내면으로 받아들인 것입니다.

포는 자신이 모두와 연결되어 있음을 떠올리면서 이렇게 말합니다. "나는 팬더의 아들인가, 아니면 거위의 아들인가? 제자인가, 아니면 스승인가? 알고 보니 이 모든 게 나였어. 나는 용의 전사다."

출처: 〈쿵푸팬더 3〉

어쩌면 자신을 안다는 것은 자신을 온전하게 받아들인다는 의미인지도 모르겠습니다. 여러분은 자기 자신을 온전하게 받아들이고 지지하고 있나요? 자신의 어설프고 서툰 부분까지 밀어내지 않고 아껴 주고 있나요? 포는 바로 이걸 깨달은 것이네요. 모든 모습이 자신의 한 부분이자 과정이라는 사실을 말입니다. 그리고 한발 더 나아가 가족과 친구들, 팬더 마을의 팬더들까지 모두가 기(생명의 근원)의 존재이며, 그렇기에 기를 중심으로 연결된 존재라는 사실을요.

이제 나의 모든 모습을 스스로 온전히 받아들인다면 무얼 할 수 있는지 알려줄게요. 순간순간마다 내가 원하는 스스로의 모습을 선택할 수 있습니다.

여러분은 이미 모든 힘을 지니고 있습니다. 누군가를 미워할 수도, 사랑할 수도, 누군가를 구해낼 수도, 누군가를 해칠 수도 있는 모든 힘을 말이죠. 나다워진다는 것은, 자신이 지닌 이 모든 힘들 중에서 내가 원하는 모습을 선택해 간다는 걸 의미합니다. 내가 선택하는 내가 지금의 내가 됩니다. 그렇다면 우리가 할 일은 아주 또렷해지네요. 오늘 나는 어떤 내가 되고 싶은가를 선택하고 그 힘을 믿고 오늘을 살아가는 것.

여러분은 모든 가능성을 지닌 존재이자, 세상과 연결된 존재이며, 무엇이든 될 수 있는 존재입니다.

나와 연결하여 생각해 보기

1. 영화 속 이 대사는 무슨 의미일까?

    1) 시푸: "자신이 할 줄 아는 것만 하면 지금의 자신보다 나아질 수 없는 법이야."

    포가 무적의 5인방 첫 수업을 망친 후 풀이 죽어 시푸 사부에게 왜 실패할 것을 알면서도 시켰냐고 묻습니다. 이때 시푸 사부가 한 말입니다. 여러분은 새로운 일을 시도하고 배우는 것이 왜 중요하다고 생각하나요?

    _____
    _____

    2) 포: "저처럼 될 필요 없어요. 진짜 힘은 가장 '나'다울 때 나와요."

    포가 카이와 대결을 앞두고 팬더들에게 한 말입니다. 시푸 사부가 한 말과 비슷하죠? '나'다울 때 진짜 힘이 나온다는 말은 무슨 의미일까요?

    _____
    _____

2. 내가 좋아하는 영화 속 장면을 말해 주세요. 그 장면이 좋은 이유가 무엇인가요?

---

3. 영화 속 이야기를 바꿔 보세요. 내가 이 영화의 감독이라면 바꾸고 싶은 장면이나 스토리가 있나요? 자유롭게 상상해 보아요.

내 삶은 내가 선택하는 거야
모아나

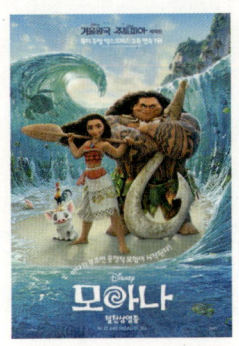

아름다운 섬, 모투누이는 모든 것이 완벽한 섬입니다. 사람들은 어울려 열매를 따고 농작물을 가꾸며 평화롭게 살아갑니다. 아이들은 다 같이 모여서 모투누이 조상들이 펼친 모험의 역사를 배우고, 어른들은 꽃을 엮어 들고 모투누이의 전통 춤과 전통 무술을 연습하기도 하죠. 먹을 것이 풍족하고 사람들 사이에 항상 웃음과 여유가 흐르는 행복한 섬입니다. 아, 그리고 풍경도 아주 아름다워요. 푸른 바다가 하얀 파도를 안겨 주고 바닷바람이 살랑살랑 불어오는 완벽한 곳이죠. 많은 사람이 휴가를 가곤 하는 바닷가 휴양지 같은 곳, '우와-' 하고 탄성이 나오는 그런 곳에 주인공 모아나는 살고 있습니다.

정해져 있는 삶이란 없다

모아나는 모투누이 족장의 딸입니다. 아버지의 뒤를 이어 족장이 될 운명을 타고났지요. 그래서 아버지를 따라 섬을 돌보며 족장 수업을 차근차근 받고 있습니다. 그런데 이 완벽한 섬에 문제가 생긴 것 같습니다. 야자수 열매는 안이 썩어 있고, 농작물은 말라 가며, 섬 곳곳이 저주가 걸린 것처럼 문제가 계속 이어집니다. 이대로 가다가는 섬 사람들 모두 굶어죽거나 이 아름다운 섬을 버리고 떠나야 할 수도 있습니다.

모아나의 아버지는 족장으로서 걱정이 태산이지만, 이 섬에서 끝까지 버텨 보자면서 사람들을 격려합니다. 이런 상황에서 미래의 족장인 우리 모아나는 어떻게 해야 할까요?

모아나는 어릴 적부터 바다가 좋아서 늘 바닷가에서 놀곤 했습니다. 그리고 더 먼 바다로 나아가고 싶어 했지요. 저 높은 파도를 넘으면 새로운 세상을 탐험할 수 있을지도 모른다는 생각에 늘 항해를 꿈꿉니다. 그러나 아버지는 바다는 위험하고 이 섬만이 안전하다고 하면서 바다를 좋아하는 모아나를 못마땅해합니다. 모아나가 족장이라는 자신의 운명을 받아들여야 한다고 말하면서요.

모아나는 모투누이 섬에서 일어나고 있는 일들이 저주에 걸렸기 때문이며, 이는 바다와 연관이 있다고 생각합니다. 특히 할머니가 어릴 적부터 들려준 '심장을 빼앗긴 여신에 관한 전설'과 관련이 있다고 생각하고, 섬이 겪고 있는 문제의 근원을 직접 찾아보려고 합니다. 그토록 꿈꾸던 바다를 모험하고 문제의 근원도 찾아 해결할 수 있다면 그것만큼 좋은 게 없겠네요. 과연 모아나는 아버지의 거센 반대와 거대한 파도를 넘을 수 있을까요?

여러분은 '운명'이라는 말을 들으면 어떤 생각이 드나요? 혹은 '운명은 정해져 있다'는 말에 동의하나요, 아니면 반대하나요?

영국의 유명한 극작가이자 〈로미오와 줄리엣〉을 집필한 셰익스피어는 운명에 대해 이런 말을 했어요.

"운명은 별이 정하는 것이 아니라, 우리 자신이 정하는 것이다."

모아나는 이미 태어날 때부터 하늘이 정한 대로 족장이 될 운명

아름다운 섬, 모투누이의 족장이 될 운명을 타고난 모아나. 하지만 모아나는 먼 바다로 나아가 새로운 세상을 탐험하고 싶어 하며 늘 항해를 꿈꿉니다.

출처: 〈모아나〉

 이고, 족장이 되기 위해서는 섬에서 족장 수업을 받아야 합니다. 하지만 모아나의 심장은 다르게 말하고 있는 것 같네요. 자신의 운명은 이 섬을 떠나 넓은 바다로 가는 거라고 말입니다. 마치 셰익스피어의 말처럼 운명은 누군가 혹은 하늘이 정해 주는 것이 아니라 스스로 정하는 것이라는 사실을 알고 있는 것 같습니다.

 여러분의 생각도 궁금합니다. 섬에 계속해서 문제가 생기는데, 안전하게 섬 안에 있어야 할까요, 아니면 섬 밖으로 나가 문제의 원인이 무엇인지 알아내고 해결하는 게 더 좋을까요? 사실 둘 중 어느 것도 안전하다는 보장은 없습니다. 섬 밖으로 나가는 것도 큰 모험이지만, 섬 안에 있다고 해도 앞으로 어떻게 될지 모르는 건 마찬가지입니다. 누구나 미래를 알 수는 없으니까요. 그렇지만 한 가지는 분명합니다. 미래를 알 수는 없지만, 지금 내 마음이 어디로 향하는지는 알 수 있지요.

모아나는 정해진 삶을 따르기보다는 자신의 마음을 따르기로 선택합니다. 결국 섬을 떠나기로 하죠. 하지만 한 번도 배를 타본 적 없는 모아나에게 그 과정은 결코 쉽지 않습니다. 파도가 몇 번이나 모아나를 원래의 자리로 데려다 놨거든요. 이쯤 되면 포기할 만도 한데, 모아나는 계속 시도하여 마침내 거대한 파도를 넘습니다. 그리고 이제 모아나만의 모험이 시작됩니다.

여러분은 처음 시도하는 것들에 대해 겁을 내나요, 아니면 전혀 겁내지 않고 무작정 시작하나요? 저는 약간은 겁을 내면서 그래도 시도하려 노력하는 쪽인데요, 모아나는 어느 쪽 같나요? 겁내는 기색이 별로 없어 보이죠? 한 번도 배를 타고 바다로 나가 본 적이 없는데 무조건 '출발!'한다는 것이 대단해 보이기도 하네요.

그렇지만 우리가 알아두어야 할 것은, 무언가를 시도할 때 겁을 내는가, 겁을 내지 않는가는 중요하지 않다는 것입니다. 혹시 여러분이 '나는 왜 모아나처럼 용기 있게 시작하지 못할까?' 하고 생각한다면 이 점을 꼭 기억하면 좋겠어요. 그것보다 더 중요한 것은 바로 '시작한다'는 사실 그 자체라는 것! 문제는 겁이 난다고 시작을 계속 미루거나, 시작 자체를 포기해 버리는 것이죠. 일단 시작을 한다면 그 다음부터 해나갈 수 있는 여러 방법이 생겨나고 주변의 도움이 뒤따르지요. 모아나처럼 말입니다.

섬 안에서만 살고 배를 탈 기회가 없었던 모아나는 항해술을 배우지 않았습니다. 전혀 모르지요. 그렇지만 바다 저 멀리로 가려면 '배'라는 도구를 스스로 움직여야 하잖아요. 그래서 자신이 할 수 있는 방법을 동원해 배를 이리저리 움직이면서 조금씩 나아갑니다. 처음치고는 그래도 꽤 괜찮은 것 같죠? 뭔가를 알아가는 데 있어서는 역시 직접 해보는 것이 가장 좋은 방법인 것 같네요.

이제 앞으로 모아나는 어떤 모험을 하게 될지 우리 같이 한번 따라가 볼까요?

세상은 나의 모험을 돕고, 나의 모험은 세상을 돕는다

모아나는 스스로 배를 모는 법을 하나씩 터득하면서 바다를 항해하다가 거칠고 까칠한 마우이를 만나게 됩니다. 마우이는 반은 신이고 반은 인간인데, 여신의 심장을 훔친 죄로 한 섬에 갇히는 형벌을 받고 있습니다. 다른 존재에 대해서는 관심이 없고 귀찮아해서 모아나의 배만 빼앗고는 달아나려고 하죠.

모아나는 이런 마우이와 극적인 타결 끝에 함께 항해를 하게 되고, 처음으로 제대로 된 항해기술을 배우게 됩니다. 마우이는 절대 가르쳐 주지 않을 것처럼 굴더니, 결국 같이 가기로 마음먹고는 바다의 흐름을 느끼는 법, 별을 보고 방향을 찾는 법 등을 알려줍니다. 도무지 친해지지 않을 것 같은 두 사람이 친구이자 동료가 되었네요.

여기서 잠시 여신 이야기를 들려드릴게요. 여신은 지금 심장을 잃고 바다 한가운데서 불을 뿜으며 폭주하고 있습니다. 여신은 생명을 창조하는 힘을 가지고 있는데, 심장을 빼앗긴 탓에 오히려 반대로 생명에 저주를 내리며 악마가 되고 있습니다. 바다는 모두 연결되어 있기 때문에 모아나가 살고 있던 모투누이 섬도 과일과 농작물이 썩는 일이 일어났던 겁니다. 모아나는 항해 끝에 여신의 심장을 제자리에 돌려주기 위해 위험을 무릅쓰게 됩니다. 그러다 용암을 뿜어대면서, 다가오는 모든 것들을 위협하며 파괴하는 악마화된 여신과 마주하게 됩니다.

여신은 그야말로 분노의 화신이 되어 있네요. 자신의 자리를 떠날 수 없으니 심장을 가져간 사람이 다시 돌려주러 와야만 하는데, 이미 심장을 빼앗긴 경험이 있기에 여신은 다가오는 모든 존재가 자신의 것을 빼앗아 간다고 여기는 것 같습니다. 그런데 여신의 심장을 훔친 장본인이 바로 마우이였던 거죠. 마우이는 도대체 왜 이런 짓을 해서 여신을 분노하게 하고, 그 결과 인간의 삶까지 위험하게 만든 것일까요? 마우이는 그야말로 악한 존재일까요?

모아나는 마우이가 여신의 심장을 훔친 이유를 알아냅니다. 아니 더 정확하게는 마우이의 숨겨진 마음을 알아줍니다. 항해를 함께

출처:〈모아나〉

"나는 모투누이의 모아나다. 당장 내 배를 타고, 바다 너머로 건너가, '테 피티'의 심장을 돌려놔!" 모아나는 마우이에게 여신의 심장을 되돌려 놓으러 가자고 하고, 둘은 함께 항해를 하게 됩니다.

하는 동안 거칠고 까칠한 마우이가 사실은 선한 마음을 지니고 있다는 걸 알게 됐거든요.

여러분, 선한 마음이란 어떤 마음일까요? 그건 바로 다른 사람을 향한 마음이랍니다. 나 자신만을 위해서가 아닌, 다른 사람이 행복했으면 좋겠다고 바라는 마음이죠. 사실 마우이는 인간에게 여신의 심장을 가져다주면 인간들이 더 행복하게 잘 살 거라고 생각했답니다. 자신도 인간에게 도움이 되는 존재이고 싶었던 거예요.

다만 문제는 누군가의 행복을 훔쳐서 다른 사람을 행복하게 할 수는 없다는 사실을 마우이가 몰랐다는 것입니다. 창조의 힘이 나오는 원천인 여신의 심장을 훔친다고 해서 인간을 행복하게 만들 수 있는 게 아니었던 거죠. 오히려 여신이 심장을 잃게 되면서 여신과 연결된 바다가 저주를 받고, 바다와 연결된 모든 인간이 저주를 받게 되었어요. 이를 몰랐기에 마우이는 그러한 실수를 저지른 겁니다.

이렇듯 우리 모두는 연결되어 있습니다. 우리가 환경을 파괴하면 파괴된 환경은 인간에게 곧 위협이 되고, 우리가 타인을 불행하게 하면 결국에는 나 역시 불행해질 수밖에 없습니다. 예를 들어, 가족 중 한 명에게 화를 내서 한 사람이 침울해지면 모두가 침울해지지요. 또 친구를 화나게 하면 그 친구 역시 다른 친구 혹은 나에게 분노를 내뿜게 되고, 이렇게 분노가 오가면 모두가 행복하지 않은 순간을 맞이하게 됩니다. 전쟁은 평화를 불러오는 게 아니라 또 다른 전쟁을 불러온다는 걸 우리는 이미 알고 있습니다.

창조의 힘을 지닌 여신의 심장이 여신에게 있을 때, 세상은 생명이 창조되고 순환되며 가장 평화로운 상태가 되는 거죠. 그러할 때 모아나가 족장으로서 이끌어 갈 모투누이 섬 역시 저주가 풀리고 이전처럼 아름답고 완벽한 섬의 모습을 되찾을 수 있는 겁니다. 모아나가 더 먼 바다로 나가기로 결정한 것이야말로 어쩌면 진정한 족장의 모습이었는지도 모르겠습니다.

선택받는 것처럼 보이지만 내가 선택하는 것

여러분, 모아나는 바다가 선택한 아이랍니다. 영화 내내 바다는 모아나를 환영하고, 모아나를 보호해 주고, 모아나가 바다에 빠지면 곧바로 구해내지요. 이처럼 모아나는 마치 특별한 사람처럼 우리에게 다가옵니다. 특별하기에 모험을 떠날 수 있고, 바다를 항해할 수 있고, 여신의 심장을 제자리에 돌려놓을 수 있었던 것처럼 보이죠. 특별한 사람이 특별한 일을 해내는 것으로 보입니다. 그렇지만 더 정확하게 이야기하자면 특별한 일을 하기에 특별한 사람이 되는 겁니다.

모아나는 선택받은 것처럼 보이지만 사실은 스스로 선택하였습니다. 선택이란, 무언가에 반응하는 것입니다. 모아나는 바다에 반응하고 선택했으며, 배에 반응하고 선택했으며, 마우이에게 반응하고 친구가 되기로 선택했으며, 여신의 분노에 반응하고 분노를 잠재우기로 선택했습니다.

여기에서 말하는 반응은 다른 말로 '공감'입니다. 공감이라는 단어로 다시 바꿔 보자면, 모아나는 바다에 공감하고 선택했으며, 배에 공감하고 선택했으며, 마우이에게 공감하여 친구가 되기로 선택했으며, 여신의 분노에 공감하고 분노를 잠재우기로 선택했던 겁니다. 그리고 그 누구보다 모아나 자신의 마음에 공감했습니다. 파도를 넘어 저 넓은 바다로 나아가고자 하는 그 마음 말입니다. 모아나처럼 우리도 나만 반응하는 것, 즉 공감하는 게 있습니다. 공감을 통해 선택하고, 선택으로 모험이 시작됩니다.

모아나는 섬 안에서 다가오는 저주를 마주하며 공포감에 떨기보다는 저주의 근원을 찾아 해결하기로 선택했습니다. 거대한 파도를 넘어가는 게 쉽지 않았지만 여러 번 시도해서 넘어가는 걸 선택했고, 마우이가 갈고리를 잃고 떠나버리자 혼자 힘으로라도 폭주하는 여신에게 심장을 돌려주겠노라고 선택했습니다.

모아나는 자신의 선택이 자신의 삶이라는 걸 알았던 모양입니다. "하늘은 스스로 돕는 자를 돕는다"라는 말이 있습니다. 모아나가 길을 나서자, 바다라는 환경이나 마우이라는 친구가 나타났지요. 우리의 삶 역시 그렇습니다. 무언가를 선택해서 나아가다 보면, 그 길을 먼저 간 사람, 함께하는 사람들을 비롯해 곳곳에서 도움을 주는 것들이 모여듭니다. 그런 것들 덕분에 모아나는 더 힘을 내어 선택하고, 포기하지 않고 자신의 심장이 안내하는 길로 계속 나아갈 수 있었지요.

모아나는 이미 미래의 족장이라는 운명이 정해져 있었잖아요? 이 운명 앞에서 모아나가 선택한 것은 '어떤 족장이 되느냐'였습니다. 모험을 통해 완전히 새로운 모아나가 되어 돌아왔고, 섬으로 돌아와서는 모투누이를 이끄는 리더십을 발휘해 섬 안에만 머물던 사람들과 함께 배를 타고 바다로 나가죠. 모아나는 모험을 통해 바다를 경험했기에 섬 사람들을 설득할 수 있었을 겁니다.

여러분은 무엇에 선택받았나요? 아니, 다시 질문할게요. 무엇을 선택하고 있나요? 나는 선택받은 운명인가라는 질문에 대한 답은

모아나는 바다와 배, 마우이에게 공감하고 이를 선택했으며, 여신의 뷰노에 공감하고 분노를 잠재우기로 선택했습니다. 그리고 파도를 넘어 저 넓은 바다로 나아가고자 하는 자신의 마음에 공감하고 그것을 선택했습니다.

출처: 〈모아나〉

내가 무엇을 선택하느냐에 달려있답니다. 어떤 사람은 발명에 반응해서 발명가가 되었고, 또 누군가는 컴퓨터에 반응해서 소프트웨어 전문가가 되었으며, 노래와 춤에 반응하여 아티스트가 된 사람도 있지요. 저도 모아나를 보며 생각했답니다. 아, 내가 글 쓰는 것에 반응하고 그것을 선택하여 작가가 되었구나, 하고 말이죠.

여러분에게 있는 가장 큰 능력은 '선택'입니다. 내가 유독 무엇에 관심이 가는지 스스로의 반응을 살피고, 반응하는 방향을 선택하고, 선택한 방향으로 항해하는 것. 그것이 자신의 운명을 만들어 가는 가장 좋은 방법이랍니다. 자, 그럼 가만히 내 심장의 소리에 귀 기울여 보세요. 뭐라고 속삭이고 있나요?

나와 연결하여 생각해 보기

1. 영화 속 이 대사는 무슨 의미일까?

   1) 마우이 :

   ① "갈고리가 없으면 난 못 해. 이게 없으면 난 아무것도 아니라고!"
   ② "그게 뭐 어때서? 갈고리가 없어도 나는 마우이야."

   ①은 마우이가 갈고리를 잃었을 때 모든 것을 포기하며 한 말이고, ②는 갈고리가 없음에도 용기를 내며 한 말입니다. 어떤 차이가 있을까요?

   _____

   _____

   2) 모아나 : "심장을 빼앗겼지만 그렇다고 달라지진 않아요. 이건 당신의 진짜 모습이 아니에요. 알잖아요. 당신이 누군지 진정한 모습을."

   모아나가 분노의 화신이 된 여신에게 다가가며 부른 노래 가사입니다. 여기에서 말하는 '진정한 모습'이 의미하는 것은 무엇일까요?

   _____

   _____

2. 내가 좋아하는 영화 속 장면을 말해 주세요. 그 장면이 좋은 이유가 무엇인가요?

_____

_____

_____

_____

3. 영화 속 이야기를 바꿔 보세요. 내가 이 영화의 감독이라면 바꾸고 싶은 장면이나 스토리가 있나요? 자유롭게 상상해 보아요.

_____

_____

_____

_____

 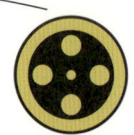

4

내 안의 화를 길들이는 방법
드래곤 길들이기

여러분은 드래곤을 실제로 본 적이 있나요? 혹은 드래곤을 봤다는 사람을 만나본 적이 있나요? 만약 그런 사람이 있다면 이렇게 말할 겁니다.

"에이, 거짓말 하지 마."

왜냐하면, 드래곤은 옛날부터 내려오는 이야기 속에 나오는 상상의 존재이기 때문입니다. 그런데 실제로 존재하지 않는 드래곤이 영화에 자주 등장하는 까닭은 무엇일까요? 영화 속 드래곤은 주인공에게 가장 위협이 되는 무시무시한 존재이거나, 어려운 관문을 뚫고 주인공의 큰 힘(친구)이 되기도 하는데요, 이렇게 상상을 뛰어넘는 거대한 힘을 지닌 존재를 이겨내는 모습을 보여줌으로써, 우리가 가진 힘이 상상 이상으로 크다는 것을 말하려는 것 아닐까요?

내 힘을 증명하고 싶어요

여기서 잠깐 드래곤과 용의 차이를 알아볼까요? 드래곤과 용은 같은 말이지만, 서양의 드래곤과 동양의 용은 조금 다릅니다. 동양의 용은 신과 같은 존재로 표현되며, 성스럽고 선한 힘을 지닌 존재로 그려집니다. 반면에 서양의 용은 불을 뿜으며 인간의 삶을 파괴하는 사악한 존재로 주로 그려지지요. 영화 〈드래곤 길들이기〉에 등장하는 드래곤이 바로 이런 모습이에요.

주인공 히컵이 사는 마을에서는 바이킹들이 일곱 세대에 걸쳐서 드래곤들과 전쟁을 치르며 살아왔습니다. 드래곤의 포악한 공격을 막아내기 위해 마을 사람들은 저마다의 기술을 가지고 온몸을 바쳐서 드래곤을 물리칩니다. 특히 주인공 히컵의 아버지는 드래곤을 향한 분노를 품고 엄청난 힘과 싸움 기술로 마을을 지켜냅니다. 그리고 히컵이 족장인 자신의 자리를 이어받아 드래곤을 물리칠 힘을 기르기를 바랍니다. 하지만 히컵은 이런 아버지와는 많이 달라 보이네요.

히컵은 아버지와는 반대로 덩치도 작고 깡마른 데다 실수투성이예요. 좋은 의도로 한 행동도 결국 사고로 이어지고 말지요. 일부러 그러는 것도 아닌데 어설프고 서툴다 보니 동네에서는 사고뭉치로 소문이 나 있어요. 아버지도 히컵만 보면 한숨을 쉽니다.

"아무것도 하지 말고 가만히 있어."

늘 이렇게 말하죠. 그래서 히컵은 가장 무서운 드래곤인 '나이트 퓨리'를 직접 잡아 마을 사람들에게 인정받고 싶어 합니다. 과연 허약하고 사고뭉치인 히컵은 '나이트 퓨리'를 잡아서 자신이 나약하지만은 않다는 걸 증명할 수 있을까요?

내 안에 드래곤이 살아요

다시 드래곤 이야기를 나눠 볼까요? 드래곤은 실제 존재하지 않지만 많은 영화에 등장해서 존재감을 과시합니다. 우리 잠시 드래곤을 내 안에 있는 존재라고 한번 생각해 보면 어떨까요?

우리가 영화를 통해서 다양한 생각을 해보는 것은 영화 주인공을 나와 연결해서 '나는 누구인가?'에 대한 답을 찾아가는 법을 알기 위해서입니다. 바로 이 질문, '나는 누구인가?'가 인문학에서 가장 대표적인 질문입니다. 인문학은 그 무엇보다 자신에 대해 공부하는 거잖아요. 여러분은 '나 자신'에 대해 공부해 보거나 배우거나 깊이 생각해 본 적이 있나요? 나는 어떤 사람이고, 나는 어떨 때 행복하며, 나는 다른 사람과 어떻게 잘 지낼 수 있을까 하는 등의 공부 말이에요.

"나도 내가 왜 이런지 모르겠어."

우리는 이런 말을 자주 합니다. 그리고 놀랍게도 어른이 되어서도 이런 말을 한답니다. 그래서 살아가는 동안 나는 어떤 사람인지, 어떻게 살고 싶은지, 어떻게 해야 행복한지 계속 생각해야 합니다. 이 책을 읽고 있는 여러분이 지금 그걸 하고 있는 겁니다.

그런 의미에서 드래곤을 내 안에 있는 그 무언가로 생각해 볼까요? 무엇과 같다는 생각이 드나요? 힌트를 주자면, 감정에 속합니다. 평소에는 괜찮다가도 한번 나타나면 불을 내뿜는 것처럼 뜨겁고 거칠어져서 참기가 어려운, 내 안의 감정 하나가 있습니다. 이제 그 감정이 무엇인지 알 것 같죠? 네, 맞아요. '화'입니다.

사람의 마음 안에는 '화'라는 감정이 있습니다. 부모님, 선생님, 친구들, 내 안에도 '화'라는 감정이 있지요. 이 화는 마음 안에 있다가 어떤 자극을 받으면 순식간에 포악해집니다. 게다가 다른 사람의 화와 나의 화가 부딪힐 때는 서로의 마음에 상처를 내기도 합니다. 그 상처 때문에 사이가 멀어지기도 하죠.

사람들마다 화가 나는 자극점이 다르기도 하고, 자주 화를 내는 사람이 있는가 하면 어쩌다 가끔 화를 내는 사람도 있습니다. 화를 내는 모습도 사람마다 다릅니다. 평소에는 괜찮은데 한번 자극을 받으면 전혀 다른 사람처럼 보일 정도로 거칠어지고, 공격적이고, 스스로 멈추지 못할 만큼 화가 자기 자신을 지배하기도 하죠. 이처럼 사람들 마음 안에는 드래곤 같은 화가 살고 있습니다. 과연 이 화를 어떻게 하면 좋을지 〈드래곤 길들이기〉의 드래곤을 떠올리며 같이 생각해 보기로 해요.

내 안의 드래곤과 친해지기

히컵은 드디어 자신을 증명할 절호의 기회를 만나게 됩니다. 바로 가장 무시무시하다는 '나이트 퓨리'를 맞춰서 떨어뜨린 거예요.

그런데 평소에 히컵이 보인 모습 때문인지 주변 사람들은 도무지 믿지를 않습니다.

히컵은 '내 기필코 나이트 퓨리를 찾아서 보여 줘야지.' 하는 마음으로 숲을 헤치며 찾아다닙니다. 그러다 마침내 밧줄에 매여서 꼼짝 못 하고 있는 나이트 퓨리를 발견합니다. 나이트 퓨리를 죽이려고 칼을 꺼내는 순간, 히컵은 잔뜩 겁에 질린 나이트 퓨리의 눈을 보고는 어딘가 자신과 닮아 있는 것 같다고 생각합니다. 그래서 밧줄을 끊어 살려 주게 되지요. 히컵은 다른 존재를 죽여서 자신의 힘을 과시하는 것보다 생명을 살리고자 하는 마음이 더 큰 사람 같네요. 이 일을 계기로 나이트 퓨리와 히컵은 조금씩 가까워지는데 이 과정이 참 놀랍습니다.

여러분, '틱낫한' 스님을 아시나요? 틱낫한 스님은 베트남의 아주 유명한 스님으로, 《화》라는 책으로 세계의 많은 사람에게 큰 가르침을 주신 분입니다. 틱낫한 스님은 책에서 이렇게 말씀하셨어요. 내 안에 있는 화와 싸우지 말고 화가 난 내 마음에 다가가 보라고 말입니다. 마치 히컵이 무시무시한 '나이트 퓨리'와 친구가 되기 위해 다가가는 것처럼 말이죠.

틱낫한 스님은 《화》라는 책에서 내 안에 있는 화와 싸우지 말고 화가 난 내 마음에 다가가 보라고 말합니다. 마치 히컵이 무시무시한 '나이트 퓨리'와 친구가 되기 위해 다가간 것처럼 말이죠.

출처 : 〈드래곤 길들이기〉

히컵과 나이트 퓨리가 처음부터 쉽게 친해진 것은 아닙니다. 히컵은 먼저 자신이 공격하지 않겠다는 의미에서 칼을 버리고 미소를 크게 지어 보입니다. 꼬리날개를 다쳐 사냥을 할 수 없는 나이트 퓨리를 위해 물고기를 잔뜩 잡아다 주기도 합니다. 그리고 무엇보다 나이트 퓨리 근처에 앉아서 자신이 가까이 있다는 걸 계속 느끼게 하지요. 처음부터 자신의 입장만 생각해 훅 다가가기보다는 일정한 거리를 두고 나이트 퓨리가 자신을 믿을 수 있게 시간을 주고 기다려 줍니다.

그날도 나이트 퓨리 옆에서 그림을 그리며 시간을 보내고 있는데, 나이트 퓨리가 히컵이 그린 그림을 지켜보더니 입에 나뭇가지를 물고 따라 그리는 게 아니겠어요? 히컵은 드래곤이 그린 그림을 감상하면서 절대 선을 밟지 않게 조심조심 움직입니다. 그러다가 우연히 나이트 퓨리와 아주 가깝게 마주 서게 됩니다. 지금까지의 그 어떤 때보다 가장 가깝게 마주한 순간, 히컵은 용기를 내어 손을 뻗고 반응을 기다리지요. 어쩌면 거절당할지도, 또는 공격을 당할지도 모르지만 용기를 내봅니다. 그 손길이 낯선 나이트 퓨리는 잠시 망설이더니, 마침내 자신의 얼굴을 히컵의 손에 갖다 댑니다. 히컵에게 자신의 얼굴을 내어 준 겁니다. 처음에 적이었던 둘은 이제 완전한 친구가 되었네요. 그리고 나이트 퓨리는 히컵이 만들어 준 꼬리날개를 달고 하늘로 힘차게 날아오릅니다. 히컵을 등에 태우고 말입니다.

나 자신과 친해진다는 것은 무엇일까?

여러분은 화가 날 때 어떻게 하나요? 평소에 화를 내지 않기 위해 노력하는 쪽인가요, 아니면 화가 나면 나도 모르게 거칠어져서 다른 사람을 아프게 해 후회하는 쪽인가요? 그리고 화가 났다가 가라앉은 다음에는 마음이 어떤가요? 어른들도 화가 치밀면 자신의 화를 참지 못하고 다른 사람에게 하지 말아야 할 말을 하거나, 물건을 집어 던

지거나, 다시는 안 볼 사이처럼 굴어서 가까운 사람들과 멀어지는 경우가 있답니다. 이럴 때 사람들은 이렇게 말합니다.

"나도 모르게 그만…."

사람들 마음속에 있는 화는 격해지면 사람을 지배합니다. 그래서 평소와 다른 모습으로 자기 자신과 다른 사람을 힘들게 하는 거죠.

틱낫한 스님은 화가 모든 불행의 근원이라고 말했습니다. 화는 타인과의 관계를 고통스럽게 하고, 살아가는 동안 스스로 마음의 문을 닫아 버리게 하는 감정이라고 합니다. 그래서 화를 다스리면 미움, 시기, 좌절 같은 감정에서도 자유로워지고, 진정한 행복을 얻을 수 있다고 합니다. 화를 내기보다는 수용하려고 하는 자세가 스스로를 행복하게 하는 것이겠지요.

그렇다고 해서 화를 참으라는 게 아닙니다. 화를 내는 나 자신을 미워하고, 화를 내지 않기 위해 꾹꾹 참으면 오히려 마음에 병이 생깁니다. 평소에 화를 다스리는 방법을 배워, 화가 날 때 자신의 마음속에 있는 화를 드래곤이라고 생각하고 잘 길들여 보면 어떨까요?

그래서 틱낫한 스님이 소개한 화를 다스리는 방법을 여러분과 나누고 싶어요. 우리 앞으로 화가 나면 이 중에서 기억나는 걸 한번 해보기로 해요.

먼저 마음속에 화가 일어나면 숨을 크게 들이마시고 내뱉어 보세요. 이걸 '호흡 알아차리기'라고 하며, 자신의 마음을 보는 명상이라고도 합니다. 곧바로 화를 내기보다 '아, 내가 지금 화가 났구나.' 하고 내 마음을 가만히 살펴보는 겁니다. 그리고 잠시 시간을 갖는 게 중요해요. 잠시 혼자만의 시간을 갖거나, 일기를 몇 줄이라도 써 보거나, 걷기를 하거나, 무엇 때문에 화가 났는지 곰곰이 생각해 보는 것이죠. 숨을 크게 쉬면서 10초를 세는 것도 좋은 방법이에요. 마치 히컵이 드래곤에게 다가가기 전에 곁에 가만히 머물고 지켜본 것처럼 말이죠. 그러고는 히컵처럼 손을 뻗어서 내 안의 화에게 내밀어 봅니다.

'다 괜찮아. 다 괜찮아. 다 괜찮아.'

출처: 〈드래곤 길들이기〉

우리는 드래곤과 싸우면서 살아갈 수도 있고, 친구가 되어 같이 하늘을 자유롭게 날 수도 있습니다. 둘 중에 선택하라면 어떤 걸 선택하고 싶은가요?

그러면 화가 조금 누그러지는 게 느껴질 겁니다. 감정은 일어나면 사라지는 법칙이 있습니다. 마음속에 있다가 외부의 자극을 받으면 거세게 올라오지만 다시 가라앉게 되어 있죠. 그렇게 조금 누그러진 마음으로 상대방과 대화를 나누면서 화해하거나, 누군가에게 마음을 털어놓거나, 여유롭게 잘 넘어간 나 자신을 칭찬해 주면 좋겠습니다. 이게 바로 나 자신과 친해지는 방법이랍니다. 어때요, 어렵지 않죠?

우리는 드래곤과 싸우면서 살아갈 수도 있고, 친구가 되어 같이 하늘을 자유롭게 날 수도 있습니다. 둘 중에 선택하라면 어떤 걸 선택하고 싶은가요? 여러분에게는 좋은 것을 선택할 수 있는 힘이 있고, 그 힘이 나와 다른 사람을 연결하고 행복하게 해줄 겁니다.

나와 연결하여 생각해 보기

1. 영화 속 이 대사는 무슨 의미일까?

   1) 히컵: "드래곤을 죽일 수 없었어. 아니 죽이지 않았어! 왜냐하면 그도 나와 같이 두려워하고 있었기 때문이야."

   드래곤이 두려워하는 모습을 보고 히컵이 죽일 수 없었던 이유가 무엇이었을지 내 생각을 적어 보세요.

   _____

   _____

   2) 히컵: "우리가 지금까지 드래곤을 오해하고 있었어."

   버크 섬 사람들이 드래곤을 '오해'하고 있었다고 히컵은 말합니다. 그동안 오해했던 것은 무엇이고, 오해가 만들어 내는 건 무엇일까요?

   _____

   _____

2. 내가 좋아하는 영화 속 장면을 말해 주세요. 그 장면이 좋은 이유가 무엇인가요?

3. 영화 속 이야기를 바꿔 보세요. 내가 이 영화의 감독이라면 바꾸고 싶은 장면이나 스토리가 있나요? 자유롭게 상상해 보아요.

2장

나를 넘어
또 다른 나와 만난다

● 나에게 주는 기회와 꿈 ●

"내일이 올까?
더 이상 아무것도 모르겠어.
어디로 가야 할까? 나 혼자서.
다시 넘어져도 나는 해야만 해.
난 선택할 거야. 그 목소리를 따라서.
해야 할 일을 할 거야."

 ## 1

내 안의 목소리에 귀 기울이다
겨울왕국 1, 2

"옛날옛날에 착하고 아름다운 공주가 살았습니다. 이 공주는 못된 마녀에 의해 저주에 걸리게 됩니다. 이 저주를 풀 수 있는 해법은 왕자님의 진정한 사랑의 키스입니다. 오랜 기다림 끝에 왕자님의 키스를 받은 공주는 저주에서 풀려나고 왕자님과 결혼하여 오래오래 행복하게 살았답니다."

이런 동화 내용을 들어 본 적이 있지요? 어쩌면 여러 번 들어 봤을 겁니다. 저 역시 이런 동화를 많이 읽으며 자랐지요. 그래서 언제나 공주는 저주에 걸리는 존재, 왕자는 저주를 풀어주는 존재로 생각하고 있었어요. 동화에는 늘 착한 공주, 못된 마녀, 용감한 왕자가 등장하잖아요. 특히 디즈니의 애니메이션 영화들에는 이 세 가지 등장인물이 자주 나오거든요.

그래서 〈겨울왕국〉이 개봉했을 때 비슷할 줄 알았습니다. 게다가 언니 엘사는 마법 능력을 가지고 있는데 그걸 제대로 통제하지 못해서 동생 안나를 다치게 하잖아요. 분명 엘사가 못된 마녀 역할이구나 싶었지요. 그런데 〈겨울왕국〉은 다른 애니메이션 영화와 뭔가 다르더라고요. 그 이야기를 여러분과 나눠 보고 싶어요.

혼자를 선택하거나, 혼자라서 외롭거나

〈겨울왕국〉은 1편과 2편에 걸쳐 엘사 공주와 안나 공주가 각자의 모험과 성장을 통해 자신의 정체성을 찾아가는 과정을 그립니다. 자기 자신이 지닌 신성한 힘을 하나씩 찾아가는 이야기인 거죠. 그중에서 의존적이던 안나가 〈겨울왕국 2〉에서 아렌델의 왕이 되기까지 겪는 성장에 대해 여러분과 이야기 나눠 보려 합니다.

"렛 잇 고(Let it go)~ 렛 잇 고(Let it go)~"

혹시, 이 노래 불러 본 적 있나요? 정말 많이 불려서 누구나 알고 있을 정도이고, 〈겨울왕국〉 영화를 대표하는 노래입니다. 영화 속에서 이 노래를 부르는 사람은 누구일까요? 네, 맞아요. 엘사입니다. 그렇다면 어떤 상황에서 부르는지도 기억나나요?

엘사는 만지면 모든 것을 얼리고, 눈을 만들어 내는 마법을 가진 자신의 손이 위험하다고 생각했어요. 자라면서 더욱 강력해진 이 마법 때문에 곁에 있는 사람들이 다칠까 봐 늘 손에 장갑을 꼈지요. 또 마법이 갑자기 나오거나 들키는 일이 없도록 조심 또 조심했어요. 고칠 수 있는 방법을 찾을 때까지 엘사는 방에 혼자 갇혀서 지낼 수밖에 없었습니다. 부모님은 엘사의 마법을 해결할 수 있는 비밀을 찾기 위해 긴 여행을 떠났다가 그만 세상을 떠나고 맙니다. 왕과 왕비를 동시에 잃었기에 어쩔 수 없이 언니 엘사는 방을 나와서 왕이 되어 아렌델을 통치할 수밖에 없었지요.

엘사는 모든 것을 얼려 버리는 자신의 저주 같은 마법이 들킬까 봐 조마조마해하며 무사히 즉위식을 마치고 왕궁에서 파티를 하는데, 여기에서 문제가 터집니다. 안나와 말다툼을 하던 중에 엘사의 마법이 모든 사람들 앞에서 드러나고야 말죠. 사람들은 마법을 부리는 엘사를 마녀로 생각하며 두려워합니다.

그동안 왕궁에서 날마다 숨어 지내던 엘사는 자신을 두려워하는 사람들에게서 벗어나 온 나라를 겨울로 만들고는 도망치고 맙니다. 여기에서 '렛 잇 고' 노래가 울려 퍼집니다. 자신의 존재를 감추려고 스스로 움츠러들던 과거를 잊고, 사람들에게서 벗어나 혼자만의 얼음 성을 짓고 살아가겠노라는 자유 선언 같은 노래입니다.

〈겨울왕국〉의 주인공은 엘사와 안나 두 사람입니다. 엘사에게 '렛 잇 고' 노래가 있다면, 안나에게는 어떤 노래가 있을까요? 혹시 기억나는 노래가 있다면 불러봐 줄래요? 어, 저 생각났어요.

"♪♬ 같이 눈사람 만들래?"

엘사가 혼자 들어가 있는 방 앞에서 안나는 날마다 이 노래를 부릅니다. 같이 놀자고, 외롭다고 말입니다. 그러나 안나를 다치게 할까 봐 두려운 엘사가 밖으로 나오지 않으니 안나는 여전히 혼자이지요.

그러다가 엘사의 왕 즉위식 날, 안나는 이웃나라 왕자 한스를 만나게 됩니다. 그동안 혼자라서 외롭던 안나는 한스 왕자에게 첫눈에 반하게 됩니다. 그리고 만난 첫날, 결혼하기로 약속합니다. 자신에게 드디어 진정한 사랑이 나타났다면서 말이죠. 과연 안나는 정말로 진정한 사랑을 만난 걸까요? 그리고 이 진정한 사랑은 안나의 저주도 풀어 줄 수 있을까요?

저주를 풀 수 있는 진정한 사랑은 어디에 있을까?

아니, 잠깐! 안나의 저주라니? 여러분, 안나가 저주에 걸렸던 걸 기억하나요? 네, 맞아요. 안나는 심장에 얼음이 박혀서 서서히 몸이 얼어가는 저주에 걸렸습니다. 이 저주는 누가 걸었을까요? 아무래도 얼음 마법 능력을 가지고 있는 엘사가 유력하네요.

안나는 아렌델 성을 떠나서 북쪽 산에 얼음 궁전을 짓고 혼자 지내는 엘사를 찾아 나섭니다. 언니 엘사가 걱정되기도 하고, 마법으로 꽁꽁 얼어 버린 나라를 녹일 수 있는 건 언니밖에 없다고 믿기 때문입니다. 제대로 밖에 나가 본 적도 없는 안나는 아렌델을 한스 왕자에게 부탁하고 혼자서 말을 타고 달려갑니다. 매일 언니한테 놀아 달라고 하고, 사랑을 갈구하기만 하던 안나의 모험이 멋지네요. 가는 길에 얼음장수인 크리스토퍼도 만나고, 올라프도 만납니다.

드디어 안나는 언니를 만났지만 언니는 결코 돌아갈 생각이 없네요. 게다가 언니를 위협하는 사람들도 있어서 언니는 더더욱 강하

안나는 얼음 궁전으로 언니 엘사를 찾아가 두려워하지 말고 함께 얼어붙은 아렌델을 구하자고 합니다. 언니에게 사랑을 갈구하기만 하던 안나의 시도가 멋지네요.

출처:《드래곤 길들이기》

게 마음의 문을 닫습니다. 그리고 더 이상 다가오지 말라고 바닥에 얼음을 쏘지요. 그런데 바로 이 얼음이 안나의 심장에 꽂힙니다. 크리스토퍼는 안나를 구해서 트롤들에게 가지만, 안나의 심장에 꽂힌 얼음은 오직 '진정한 사랑'만이 녹일 수 있다고 하죠.

"나를 한스 왕자에게 데려다 줘요. 빨리요."

크리스토퍼와 올라프는 최선을 다해서 아렌델 성에 있는 한스에게 안나를 데려다 줍니다. 과연 한스 왕자는 안나의 진정한 사랑이며, 진정한 사랑의 키스로 안나의 심장 안에 있는 얼음을 녹일 수 있을까요? 사실 한스는 공주와 결혼해서 왕이 되려는 야심을 품고 있는 사람이라 안나를 진정으로 사랑하지 않는답니다. 그저 자신이 왕이 되려고 안나의 마음을 이용했던 거지요. 도대체 안나의 진정한 사랑은 어디에 있는 걸까요? 엘사를 찾으러 갈 때 함께 간 크리스토퍼일까요? 아님 눈사람 올라프일까요? 아님 엘사일까요?

안나는 몸이 점점 얼어갑니다. 잘 걷지도 못할 정도로 몸이 쇠약해져서 금방이라도 쓰러질 것 같습니다. 안나는 자신이 사랑하는 사람이 한스 왕자가 아니라 크리스토퍼이며, 크리스토퍼 역시 자신을 사랑하고 있다는 말을 듣고 힘겹게 크리스토퍼를 찾아 나섭니다. 마지막 힘을 내서 한 발 한 발 내딛어 이제 곧 크리스토퍼를 만나 진정한 사랑의 키스로 저주를 풀 수 있을 것 같습니다. 이때 한스 왕자가 엘사를 죽이려고 검을 들고 몰래 다가가는 걸 보게 됩니다.

안나는 크리스토퍼를 향해 걷던 방향을 틀어서 검을 막아내고 결국 몸 전체가 얼음으로 변하고 맙니다. 마지막 힘을 내어 자신을 살리기보다 언니를 지켜낸 것입니다. 자신의 얼어붙은 심장을 녹일 수 있는 기회를 버리고 언니를 살리기로 선택한 거죠. 안나는 이렇게 죽게 되는 걸까요?

그런데 이게 어찌된 일일까요? 안나의 심장이 다시 따뜻하게 뛰기 시작하면서 얼어붙었던 온몸이 녹고 심장에 박힌 얼음 저주도 풀리게 됩니다.

'진정한 사랑'. 네, 그렇네요. 심장에 박힌 얼음을 녹일 수 있는 해법은 다른 사람이 아닌 안나 자신에게 있었네요. 언니를 진정으로 사랑하는 안나의 마음이 언니도 살리고 자신도 구한 거예요. 언니를 지키기 위해 자신을 희생할 정도로 '진정으로 사랑하는 마음'이 심장에 박힌 얼음을 녹인 것이죠.

누군가를 사랑하는 마음만큼 따뜻하고 강력한 마음은 없는 것 같습니다. 우리는 지금까지 자신의 저주를 누군가 풀어 줄 때까지 기다리는 공주를 많이 봐왔는데, 〈겨울왕국〉에서 스스로의 저주를 푸는 힘을 발휘하는 공주 안나를 만나게 되었네요.

안나는 진정한 사랑의 힘으로 자기 자신의 얼음 심장 저주만 푼

출처 : 〈겨울왕국 1〉

안나는 '진정으로 사랑하는 마음'으로 자기 자신의 저주를 풉니다. 그리고 엘사에게도 얼어붙은 세상을 녹일 수 있는 사랑의 힘이 있음을 깨닫게 해주지요.

것이 아니라, 엘사에게도 영향을 줍니다. 엘사는 자신의 얼음 마법이 세상을 차갑게 얼리는 것 때문에 다른 사람과 함께하는 것이 두려웠어요. 그래서 혼자서 얼음왕국에서 살아가려고 했지요. 그런데 안나가 진정한 사랑의 힘으로 엘사를 칼로부터 지켜내고 자기 자신의 심장을 녹이는 모습을 보면서, 자신의 얼음 마법 역시 사랑의 힘을 이용할 수 있다는 걸 알게 됩니다. 자신의 마법이 세상을 얼릴 수 있다면, 녹일 수 있는 힘도 있다는 걸 발견한 것이죠. 바로 사랑의 힘 말입니다.

엘사는 사랑의 마음을 담아 마법을 펼쳐 아렌델의 얼음을 모두 걷어냅니다. 그리고 사람들이 원할 때만 아름다운 눈을 만들어 낼 수 있는 능력을 갖추게 됩니다. 이게 어떻게 가능했냐고요? 마법을 통제하는 것이 아니라, 자신의 마음 안에 두려움을 만드느냐, 사랑을 만드느냐를 정하면 되었던 겁니다.

아렌델은 이제 엘사의 사랑 안에서 안전하고 따뜻한 왕국이 됩니다. 물론 필요할 때는 엘사가 만든 얼음 위에서 스케이트를 타며 놀기도 하고요. 아, 올라프를 위해 전용 눈구름도 만들어 준답니다. 이렇게 엘사 안에 있는 사랑을 스스로 깨닫게 해준 것 역시 바로 안나의 '진정한 사랑'의 힘이랍니다.

두렵지만 마음의 소리를 따라 전진한다

우리 안에는 늘 여러 마음이 있습니다. 화가 나면 분노만 있고 평화로우면 사랑만 있는 게 아닙니다. 늘 여러 마음이 동시에 있다가 내가 어떤 마음을 선택하고 에너지를 주느냐에 따라 선택된 그 마음이 더 커지는 것이죠. 어떤 사람이 소리를 지르고 있다면 자신 안에 있는 화에 에너지를 쏟고 있는 것입니다. 그리고 어떤 사람이 친절하다면 자신 안에 있는 다정함에 에너지를 쏟고 있는 것이죠.

안나와 엘사는 두려움, 남에게 의존하는 마음, 분노, 방어하고 도망치고 싶은 마음보다 사랑과 용기를 선택하고 그것에 더 에너지를 들입니다. 그럼으로써 그들 자신도, 아렌델 왕국도 평화를 얻습니다. 사랑과 용기 속에서 나날이 즐겁고 편안하게 살아가지요.

그러던 어느 날, 엘사에게 어떤 목소리가 들려오기 시작합니다. 엘사와 안나는 목소리를 따라 왕국을 떠나 긴 여정을 시작하지요. 여기서부터가 〈겨울왕국 2〉의 내용입니다. 그 여정에서 아렌델 왕국의 왕이었던 자신의 할아버지가 벌인 잘못을 마주하게 되지요. 욕심에 눈이 멀어 평화롭게 살고 있는 노덜드라(태양의 사람들) 사람들을 속이고 바람, 불, 물, 땅의 균열을 일으킨 사실을 말입니다.

어느 날 엘사에게 어떤 목소리가 들려오고 엘사와 안나는 목소리를 따라 과거의 잘못을 바로잡고 진실을 찾기 위해 긴 여정을 시작합니다.

출처: 〈겨울왕국 2〉

    엘사는 자신에게 이 모든 것을 바로잡아야 하는 역할이 주어졌음을 감지합니다. 그리고 마법의 숲 정령들과 소통하기 위해 목소리를 따라 더 멀리, 더 멀리 나아갑니다. 혼자서 말이죠.

    그 길은 결코 쉽지 않습니다. 자신을 끝없이 밀쳐내는 거대한 파도를 넘기 위해 달리고 또 달려야 했지요. 또 깊은 동굴 안에서 진실을 마주하지만 자신의 마법으로도 버텨내지 못하고 그대로 온몸이 얼어 버립니다. 엘사는 이렇게 영원히 진실의 동굴 안에 얼음이 된 채로 있게 되는 걸까요?

    안나는 언니를 따라가기 위해 발버둥쳤지만 결국 혼자가 됩니다. 안나는 깊은 외로움과 공포를 만나게 되죠. 함께해 온 올라프마

저도 엘사가 얼어붙으면서 눈으로 흩어져 사라졌거든요.

여러분이라면 어떨 것 같나요? 낯선 곳에 홀로 남겨진 데다 상황은 더 안 좋아졌고, 자신이 그토록 사랑하는 언니도 사라진 상황이라면요. 안나는 미래를 알 수 없어 암담하기만 합니다. 두렵고 외로운 나머지 좌절에 빠져 눈물을 흘리지요.

그러나 언제까지나 눈물만 흘리고 있을 수도 없지요. 안나는 이제는 볼 수 없는 엘사와 올라프를 생각하며 마음의 어둠을 이겨내고 힘을 냅니다. 이때 스스로에게 힘을 불어넣기 위해 마음을 담아, 그리고 다짐을 담아 노래를 시작합니다.

"내일이 올까?

더 이상 아무것도 모르겠어.

어디로 가야 할까? 나 혼자서.

……

다시 넘어져도 나는 해야만 해.

난 선택할 거야. 그 목소리를 따라서.

해야 할 일을 할 거야."

좌절을 딛고 마음을 굳게 먹은 안나는 언니의 뒤를 이어 과거의 진실을 바로잡기 위해 앞으로 나아갑니다. 아렌델이 노덜드라를 지배하기 위해 지은 댐을 파괴하러요. 댐은 잘못된 과거의 상징이라고 할 수 있거든요. 댐이 부서지면 거대한 물길이 아렌델 왕국을 삼켜 버릴지도 모르지만 안나는 숲의 질서, 다시 말해 진실을 바로잡기 위한 선택을 합니다.

자, 결과가 어떻게 됐을까요? 댐으로 인해 정지되고 얼어붙어 있던 모든 것들이 본래의 모습을 되찾게 됩니다. 그로 인해 엘사 역시 영원히 갇힐 뻔한 얼음동굴에서 벗어납니다. 미래를 알 수 없는 암담한 상황에서 지금 당장 자신이 할 수 있는 일을 꿋꿋하게 해낸 안나가 모든 것을 제자리로 돌려놓을 수 있었네요.

엘사와 안나는 철저하게 혼자서, 모든 것과 마주하며 두려움을 딛고 앞으로 나아가는 모습을 보여 줍니다. 엘사는 엘사의 선택과 힘으로 앞으로 나아가고, 안나는 자신이 의지했던 모든 것으로부터 독립해서 혼자서 할 일을 해낸 거죠. 이로써 엘사는 숲과 인간을 잇는 정령으로, 안나는 아렌델 왕국의 왕으로 우뚝 서게 됩니다.

여러분, 여러분은 앞으로 어떤 삶을 살아가게 될 것 같은가요? 때로는 큰 좌절과 마주할 때도 있고, 답답하고 암담한 현실 앞에서

'나는 할 수 없어.' 하며 포기하고 싶을 때도 있을 것입니다. 그럴 때 누군가가 나서서 다 해결해 주었으면 좋겠지만 내 삶은 내가 꾸려가야 하죠.

"미래를 볼 수 없으면 지금 할 일을 하는 것"

엘사와 안나가 두려움을 이기고 묵묵히 걸어갈 수 있게 해준 주문 같은 말입니다. 두려움에 압도되는 것이 아니라, 두려움이 없어질 때까지 기다리는 것이 아니라, 두렵지만 조금씩 나아가고 나아가는 것. 이것이 결국은 원하는 목표에 도달하는 마법 같은 힘이었네요.

끊임없이 들려오는 목소리는 외부에서 들려오는 것 같지만, 사실 그 목소리의 근원은 우리 내면에 있습니다. 목소리에 반응하는 것 역시 나의 선택이니까요. 내 안에서 꿈틀대는 목소리를 듣는 것 말입니다. 세상과 더 가까이 연결되고, 스스로 해내려고 하며, 두려움보다 희망을 보고, 잘못된 것을 바로잡고 바른 길로 뚜벅뚜벅 걸어가는 것. 그것이 바로 나를 부르는 내 안의 목소리에 귀 기울이는 것입니다.

우리는 누구나 미래를 볼 수 없습니다. 때로는 미래가 희망적이기도 하고, 때로는 부정적으로 느껴지기도 합니다. 미래는 알 수 없지만 분명히 알 수 있는 게 하나 있습니다. 바로 '지금 내가 무엇을 해야 하는지'입니다. 두렵지만 나아가는 힘을 가진 존재, 그것이 '나'라는 사실을 기억하세요.

나와 연결하여 생각해 보기

1. 영화 속 이 대사는 무슨 의미일까? (〈겨울왕국 2〉에서)

    1) **안나**: "난 널 믿어, 엘사. 그 누구보다, 그 무엇보다."

    안나가 엘사에게 건넨 말입니다. 이 말을 할 때 안나의 마음은 어떠했을지, 이 말을 듣고 엘사는 어떤 마음이었을지 적어 보세요.

    _____

    _____

    2) **안나**: "뭐든 해야만 해. 한 걸음, 또 한 걸음.
      다시 넘어져도 나는 해야만 해. 멀리 보지 않을래. 이 순간만 생각해."

    엘사와 올라프가 세상에서 사라지고 혼자가 되었다고 생각한 안나가 슬픔 속에서 부른 노래 가사입니다. 멀리 보지 않고 이 순간만 생각한다는 말의 의미가 무엇일까요?

    _____

    _____

2. 내가 좋아하는 영화 속 장면을 말해 주세요. 그 장면이 좋은 이유가 무엇인가요?

----

3. 영화 속 이야기를 바꿔 보세요. 내가 이 영화의 감독이라면 바꾸고 싶은 장면이나 스토리가 있나요? 자유롭게 상상해 보아요.

2

오늘을 가장 행복하게 살아가는 법
소울

"음악은 내 전부예요. 오늘 내가 죽는다면 내 삶이 아무것도 아닌 것으로 끝날까 봐 두렵다고요."

이렇게 오랜 시간 음악을 사랑하고, 화려한 무대 위에서 공연하는 것이 꿈인 사람에게 그 꿈이 이뤄지는 건 얼마나 행복한 일일까요? 여러분도 한번 상상해 보세요. 내가 꿈꾸던 모습이 마침내 이뤄지는 순간, 열심히 꿈을 이루기 위해 살다가 꿈이 이뤄지는 순간이

온다면 정말 행복하겠지요?

우리는 왜 이 세상에 왔을까?

영화 〈소울〉의 주인공 조가 바로 그렇습니다. 오랜 시간 자신이 꿈꿔 오던 무대 위에서 피아노 연주를 할 수 있는 기회를 드디어 얻은 거예요. 너무나 기뻐서 여기저기에 소식을 알리며 길을 걷다가 그만…. 네, 너무 안타깝습니다. 조는 자신이 그토록 원하던 꿈을 이루기 직전에 맨홀에 빠지는 사고를 당합니다. 그래서 몸은 살아있지만 영혼은 죽었다고 볼 수 있는 혼수상태에 빠지게 됩니다.

조는 어느새 죽음의 세계로 들어가는 계단 위에 서 있네요. 이 움직이는 계단에 가만히 서 있으면 이제 조도 다른 영혼들처럼 세상과 영원히 작별하게 되는 겁니다. 조는 자신의 진짜 인생은 이제 시작됐는데 절대로 죽을 수 없다며 계단과 반대 방향으로 뛰면서 발버둥을 칩니다. 그렇게 조는 죽음의 세계로 가는 계단을 벗어나 차원의 벽을 찢고는 다른 세계로 떨어지게 됩니다. 그곳은 바로 '태어나기 이전의 세계'라고 하네요. 우리도 모두 그 세계에서 왔다고 영화는 말하고 있는데요, 혹시 '그 세계'가 기억나는 사람 있나요?

조의 얘기를 더 해볼게요. 조는 자신의 삶이 만족스럽지 않습니다. 한 중학교의 음악 선생님이지만, 음악을 가르치는 일보다는 무대 위에서 연주를 하고 싶어 합니다. 어릴 적부터 이 꿈은 바뀐 적이 없습니다. 그러나 조의 어머니는 편하게 살 수 있는 학교 선생님을 계속하기를 바라지요. 왜냐하면 음악을 연주하는 일은 유명하지 않으면 안정적으로 돈을 벌지 못할 테니까요. 그래서 조의 바람을 헛된 꿈이고 쓸데없는 모험이라고 말합니다.

조의 생각은 달라 보입니다. 어릴 적에 본, 무대 위에서 멋있게 연주하던 피아노 연주자처럼 자신이 좋아하는 음악 장르인 재즈를 맘껏 연주하는 게 자신이 살아가야 할 '진짜 인생'이라고 생각합니

출처: 〈소울〉

조는 자신이 좋아하는 재즈를 연주하는 게 자신이 살아가야 할 '진짜 인생'이라고 생각합니다. 지금 자신의 인생은 자신이 원하는 모습이 아니기 때문에 잘못된 인생이라고 생각하죠.

다. 지금 자신의 인생은 자신이 원하는 모습이 아니기 때문에 잘못된 인생이라고 생각하죠. 오직 음악, 음악만이 자신의 삶이라고 믿습니다. 그러니 무대 공연을 앞두고 죽게 된 상황에 처했다는 사실을 받아들이기 어려운 거죠.

여러분도 조의 마음이 이해될 겁니다. 사람들은 대개 이루고 싶은 게 생기면 그것이 이루어져야 행복하다고 생각합니다. 이루어지지 않으면 행복하지 않다고 생각하죠. 그래서 꿈을 이루면 성공한 것이고, 그렇지 않으면 좌절하고 실패했다고 생각합니다. 꿈만이 아닙니다. 갖고 싶은 물건이 있을 때, 그걸 가지면 행복하고 갖지 못하면 불행하다고 생각합니다. 성적이 원하는 만큼 나오지 않거나, 친구 관계가 마음대로 되지 않거나, 가고 싶은 곳에 가지 못하거나, 하고 싶은 걸 제대로 하지 못하면 속상하고 마음이 힘듭니다. 내 뜻대로 따라주지 않는 세상과 주변 사람들이 괜히 원망스럽기도 하지요.

과연 우리가 이 세상에 태어난 까닭은 꿈을 이루고, 원하는 목표에 도달하고, 갖고 싶은 것을 갖기 위해서만일까요? 그 비밀을 풀어보기 위해서 조가 우연히 넘어간 태어나기 이전의 세상으로 우리 같이 가보기로 해요.

'지구통행증'을 얻는 방법

조는 죽음의 세계로 가는 계단에서 탈출해, 태어나기 전 영혼들이 머무는 세계에 들어갔어요. 거기에서는 아직 태어나지 않은 영혼들이 지구로 갈 수 있는 '지구통행증'을 얻기 위해 멘토의 도움을 받습니다. '지구통행증'을 얻기 위해서는 '스파크', 즉 자신만의 불꽃을 알아내야 하거든요.

조는 죽음의 세계로 가지 않기 위해 다른 사람인 척하면서 한 영혼의 멘토 역할을 맡게 됩니다. 그런데 이게 웬일입니까? 태어나기 전의 영혼들 중에서 가장 '문제아'라는 22번 영혼을 맡게 된 게 아니겠어요? 22번 영혼은 여러 유명한 멘토들을 화나게 한 영혼으로, 태어나길 완강히 거부하는 까닭에 수천 년을 태어나기 이전의 세계에 머물고 있답니다. 그런 22번 영혼에게 조가 무슨 수로 불꽃을 발견하게 한답니까. 아니나 다를까, 조가 어떤 말을 해도 22번은 "태어나기 싫어."를 반복하네요.

조는 꿈에 그리던 무대에서 연주하기 위해서 자신의 몸으로 돌아갈 방법을 찾습니다. 그러다가 몸과 영혼이 분리되는 어떤 이의

조는 태어나기 전 영혼들의 세계에서 가장 '문제아'라는 22번 영혼의 멘토 역할을 맡게 됩니다. 수천 년 동안 태어나기를 거부하고 있는 22번 영혼에게 어떤 변화가 생길까요?

출처: 〈소울〉

도움으로 자신의 몸으로 돌아갈 수 있는 방법을 알아냅니다. 그런데 그 과정에서 너무 서두르다가 그만, 22번의 손까지 잡고 지구로 떨어지게 되었어요. 그런데 하필이면 조의 영혼은 조가 키우던 고양이의 몸으로, 지구로 태어나기를 거부하던 22번의 영혼은 조의 몸으로 들어가게 된답니다. 조는 고양이의 몸으로 22번 영혼이 들어있는 자신의 몸을 지켜봐야 합니다. 그나저나 태어나는 걸 너무도 싫어하던 22번이 조의 몸으로 잘 살아낼 수 있을까요?

22번 영혼은 자신에게 갑자기 주어진 사람의 몸이 싫고 무섭기만 합니다. 그래서 아무것도 하고 싶지 않다고 머리를 싸매고 주저앉았어요.

"싫어! 안 갈 거야. 여기서 네 몸이 죽을 때까지 버틸 거야."

고양이 몸속에 있는 조는 어떻게든 22번이 움직이도록 하기 위해 일단 맛있는 피자를 먹여 봅니다. 태어나기 이전의 세계에서는 맛을 느낄 수 없지만 이제 사람의 몸이니 피자의 환상적인 맛을 느낄 수 있을 테니까요.

피자를 먹는 순간, 조의 몸속에 들어있는 22번 영혼은 "와우! 이건 정말이지 환상적이야."라고 외칩니다. 그렇게 22번 영혼은 조의 몸으로 지구에서의 삶을 하나씩 경험해 갑니다. 호기심을 갖고 거리를 걷고, 주변을 두리번거리고, 사람들의 얘기를 경청합니다. 또 미용실에 있는 공짜 사탕도 몇 개씩이나 먹고, 조의 엄마에게 조의 마음을 대신 전달하기도 하는 등 세상을 하나하나 경험하네요.

특히 지하철 바람이 솟아오르는 환풍구에서 마치 날기라도 하듯 누워서 한껏 바람을 느끼는 장면은 무척 인상 깊습니다. 사람들은 그저 지나가기 바쁜데 말이에요. 태어나는 게 그렇게 싫다던 22번이었는데 막상 태어난 후로는 세상을 이렇게나 즐기고 있네요. 조가 살던 바로 그 세상을 말이지요.

이쯤에서 태어나기 이전의 영혼들이 반드시 획득해야 할 '지구 통행증'의 비밀을 알려줄게요. 영화를 봤다면 여러분도 눈치를 챘을 겁니다. 통행증을 채우는 불꽃은 꿈, 열정, 목표, 재능 같은 걸 말하는 게 아니었어요. 자신만이 잘하는 그 무엇을 꼭 발견해야 한다는 것은 오해였지요. 사실은 사람의 몸으로 지구 세상에서 살고자 하는 마음만 있으면 태어날 수 있었던 거예요. 한마디로 이 세상을 느끼고, 누리고, 살아갈 용기 같은 거였어요.

22번 영혼은 지구에서의 경험을 계기로 다시 태어나기 이전으로 돌아갔다가 자신만의 '지구통행증'을 얻게 된답니다. 조의 몸으로 경험한 지구가 생각보다 근사했는지 태어나고 싶은 마음이 생긴 거지요. 여러분도 그런 용기를 냈기 때문에 지금 지구에 태어날 수 있었던 것 같은데 맞나요? 그나저나, 조는 다시 자신의 몸으로 돌아

출처: 〈소울〉

지구로 떨어지는 과정에서 22번 영혼은 조의 몸에, 조는 자신이 키우던 고양이의 몸에 들어가게 되고, 22번 영혼은 지구에서의 새로운 경험을 한껏 즐깁니다.

가 그토록 원하던 공연을 무사히 해낼 수 있을까요? 궁금하니 얼른 조의 이야기를 나눠 보기로 해요.

걱정과 불안이 사라지는 지금에 집중하는 힘

고양이 몸속에 있는 조는 22번 영혼이 조의 몸으로 지구에서의 모든 것을 경험하는 걸 도와줍니다. 그러면서 그가 신기해하고 재미있어 하는 걸 지켜봅니다. 동시에 어서 빨리 자신의 몸으로 돌아가기 위해 최선을 다합니다. 그리고 마침내 자신의 몸으로 돌아가 오랜 세월 꿈꾸었던 무대 위에서 황홀한 연주를 하게 되지요. 조는 눈을 감고 피아노 연주에만 집중하며 오직 음악에만 푹 빠져서 행복하게 공연을 마칩니다.

여러분도 분명 이런 순간이 있었을 겁니다. 다른 아무 소리도 들리지 않고 오직 지금 내가 하고 있는 그것에만 집중하는 순간 말입니다. 그럴 때는 누가 부르는 소리도 듣지 못하고, 시간이 어떻게 가는지도 잊어버리곤 하지요. 재미있는 영화를 보거나, 친구들과 신나게 놀거나, 평소 관심이 많았던 공부에 푹 빠지면 오직 그것만 생각하잖아요. 바로 이것을 '몰입'이라고 하고, 영어로는 '플로(flow, '흐르다'라는 뜻)'라고 해요. 완전하게 그 순간에 집중하는 건데, '멈춰 있다'를 나타내는 스톱(stop)이 아니라 '흐르다'라는 의미를 지니고 있다는 게 신기하죠?

여러분이 기억하고 있으면 좋을 박사님을 소개해 줄게요. 칙센트 미하이라고 하는 미국(크로아티아 출신)의 긍정심리학 학자인데요, '몰입'에 대한 이야기로 유명한 분입니다. 칙센트 미하이 박사님은, 몰입은 "한 사람이 자신의 실력을 온통 쏟아부을 때 나타나는 현상"이라고 말했어요. 그러면서 "삶은 행동하고 느끼고 생각하는 것, 즉 경험 그 자체다."라고도 했지요. 우리는 무언가를 하는 중에도 잘되지 않을까 봐 걱정하거나, 딴생각을 하거나, 다른 사람이 나를 어떻게 생각할까 눈치를 보면서 '지금 이 순간'에 집중하지 못하는 경우가 많다고 해요. '지금'에 집중하는 것이 중요하고, 그럴 때 가장 능력치가 오르는데 박사님은 바로 이걸 얘기하신 거예요.

그리고 우리는 누구나 행복하고 싶어 하잖아요. 행복할 수 있는 방법 역시 바로 지금 내가 하고 있는 것에 몰입하는 거라고 해요. 미래에 대해 걱정하거나, 잘되지 않을까 봐 불안해하거나, 다른 사람의 눈치를 보면서, 지금 이 순간을 즐기는 것을 놓치지 말라는 것이죠.

그것을 이 영화에서는 '무아지경'의 상태, 즉 영혼이 가장 행복한 상태라고 말합니다. 운동선수가 지금 하고 있는 경기에 완전하게 집중할 때, 재미있는 책에 푹 빠질 때, 악기를 연주하면서 그 즐거움을 최고로 느낄 때, 우리 영혼은 몸에서 분리되어 하늘을 나는 것 같은 행복을 느낀다고 말이죠.

〈빌리 엘리어트〉라는 영화가 있어요. 기회가 된다면 이 영화를 꼭 보면 좋겠어요. 빌리는 발레를 아주 좋아하는 소년입니다. 그래서 발레로 유명한 학교에 입학하기 위해 오디션을 보는데 심사위원이 이런 질문을 해요.

"네가 춤을 출 때 어떤 기분이니?"

"모르겠어요. 그냥 기분이 좋아요. 한번 시작하면 모든 걸 잊게 되고 내 몸이 사라지는 기분이 들어요."

바로 빌리 엘리어트의 이 답이 '몰입'의 순간을 아주 잘 표현한 말이랍니다. 어떤가요? 몰입은 참 멋진 일 같죠?

모든 것을 사랑스럽게 보는 눈

우리가 살아가면서 지금 하고 있는 일에 완전하게 집중하는 힘이 능력치를 높이고 행복도 느끼게 하는 거네요. 완전하게 몰입할 수 있으면서 좋아하는 일을 찾는 것, 이것이 바로 열정이고, 꿈이고, 영화 속 표현처럼 불꽃이겠지요.

그런데 있잖아요, 영화는 이 불꽃에 대해 더 확장된 의미도 말해주고 있어요. 자신이 지구에 내려와서 가장 열정적으로 할 수 있는 일을 찾는 것만이 중요한 게 아니라, 살아가는 모든 순간을 사랑스럽게 보는 것도 중요하다고 말입니다. 조는 22번 영혼이 자신의 몸으로 살아가는 모습에서 바로 이걸 발견하게 돼요. 왜냐하면 조는 오직 음악만이 자신의 인생 전부이고, 화려한 무대에서 좋아하는 음악을 연주하는 것만이 자신이 살아갈 진정한 이유라고 생각했거든요. 그래서 주변을 살펴보지 않고 오직 목표만을 생각하며 걷다가 맨홀에 빠지는 사고를 당한 거죠. 삶에 음악만 있는 게 아닌데 말입니다.

그런데 22번 영혼은 조의 몸으로 지내면서 조가 느끼지 못했던 것들에 관심을 가집니다. 즉, 모든 순간에 마음을 담아 몰입한 것이죠. 단골 미용실 사장님의 사연도 듣고, 단풍나무 씨앗이 떨어져서 손바닥에 내려앉는 걸 감상하고, 환풍구 바람을 온몸으로 느낍니다. 열심히 해보려고 하는 중학교 제자의 마음에도 귀 기울여 그 진심도 알게 되고요. 무엇보다 그동안 조의 꿈을 응원하지 않았던 엄마에게 자신을 지지해 달라고 진심으로 호소합니다. 그러면서 앞만 보고 걷던 눈을 들어 하늘과 거리와 사람들의 표정을 봅니다.

조는 자신의 몸으로 세상을 누리는 22번 영혼의 모습을 보면서 깨닫게 됩니다.

'아, 이 모든 것이 내가 살고 있는 세상이었구나.'

그동안 음악만 생각하고 음악만이 인생의 전부라고 생각했는데 실은 자신의 인생에는 음악 외에도 많은 게 있었다는 걸 알게 된 것이죠.

이야기 하나 들려줄까요?

어느 날 젊은 물고기가 나이 많은 물고기에게 물었어요.
"바다라는 곳을 찾는데요, 바다가 어디인가요?"
그러자 나이 많은 물고기가 답했어요.
"뭐? 네가 있는 이곳이 바로 바다란다."
어린 물고기는 말했어요.
"뭐라고요? 여긴 그저 물속일 뿐이잖아요!"

조가 그토록 꿈꾸던 무대에서 연주를 마치고 나올 때, 같이 연주한 도르테아가 해준 이야기랍니다. 조는 자신이 꿈꾸던 무대에서 연주를 하게 되면 뭔가 엄청나게 달라질 거라고 생각했거든요. 그런데 연주를 마치고 나니, 행복한 연주를 하던 순간이 있었다는 것 말고는 하루하루 살아가던 이전과 크게 달라진 게 없는 거예요.

네, 맞아요. 우리는 흔히 지금 내가 살고 있는 하루하루보다 뭔가를 이루는 그날이 더 행복할 거라고 생각해요. 그래서 그것을 이루기 위해 달려갑니다. 그러다 보니 눈을 들어서 진짜 둘러봐야 할 나의 사랑하는 것들을 놓치기 쉽습니다.

눈을 들어 주변을 한번 살펴보세요. 우리는 이미 아름답고 풍요로운 지구에 살고 있어요. 나와 함께해 주는 사랑하는 가족과 친구들이 있고, 예쁜 하늘과 바람과 풍경이 있고, 날마다 무언가를 새롭게 배우는 기쁨이 있고, 내가 매일 아껴 줘야 할 나 자신도 있지요. 바로 이 모든 것을 사랑스럽게 바라보는 것이 지구에서 살아가는 지구통행증, 즉 불꽃이랍니다. 여러분, 지구에 살고 있는 걸 축하해요.

나와 연결하여 생각해 보기

1. 영화 속 이 대사는 무슨 의미일까?

    1) 22 : "내 불꽃은 하늘 보기나 걷기일지도 몰라."

    22번 영혼이 지구를 경험하다가 마지막 불꽃을 발견하면서 한 말입니다. 우리가 살아가면서 접하는 평범한 것들 속에 불꽃이 있다면 여러분의 불꽃은 무엇인지 적어 보세요.

    _____

    _____

    2) 조 : "아직 잘 모르겠어요. 그래도 이건 알죠. 모든 순간을 즐기며 살 거라는 거."

    다시 자신의 삶으로 돌아가게 될 조에게 앞으로 어떻게 살 건지 묻자 그가 한 말입니다. '모든 순간을 즐기며 산다'는 말은 어떤 의미일지 생각해 보세요.

    _____

    _____

2. 내가 좋아하는 영화 속 장면을 말해 주세요. 그 장면이 좋은 이유가 무엇인가요?

_____
_____
_____
_____
_____

3. 영화 속 이야기를 바꿔 보세요. 내가 이 영화의 감독이라면 바꾸고 싶은 장면이나 스토리가 있나요? 자유롭게 상상해 보아요.

_____
_____
_____
_____
_____

3

내 꿈은 누구와 '연결'되어 있을까?

빅 히어로

여러분은 상상하는 걸 좋아하나요? 저는 여러 상황을 엉뚱하게 상상하는 걸 좋아합니다. 어쩌면 그래서 작가가 되었는지도 모르겠어요.

인간은 동물과는 다르게 '생각을 한다'고 하잖아요. 인간만이 하는 생각 안에는 '상상'도 포함됩니다. 상상은 일어날 수도 있는 일 혹은 일어나지도 않을 일까지 생각하는 것입니다. 어떤 상상은 사람을 행복하게 하기도 하고, 어떤 상상은 사람을 공포스럽게도 합니다.

미래는 아직 오지 않은 것인데도 미래를 생각해서 걱정하기도 하고, 설레기도 하고, 상상 안에서 마음대로 미래를 바꿔 보기도 합니다. 우리가 미래에 무엇을 이루고 싶다고 생각하는 '꿈' 역시 이런 상상의 영역입니다. 실제로는 어떻게 될지 조금도 알 수 없지만, '나는 이런 걸 하는 사람이 되고 싶다'라는 상상을 하며 기대하기도 하고, 이루어지지 않으면 어떡하나 걱정하기도 하죠.

내 상상력은 어떤 마음을 가지고 있을까?

"너는 꿈이 뭐야?"

여러분은 이런 질문을 받으면 마음이 어떤가요? 내 꿈을 얘기할 생각에 신이 나나요? 아니면 아직 정해진 꿈이 없는데 어떻게 말할지 몰라서 마음이 불편한가요? 실제로 10대 초반부터 후반까지의 사람들에게 꿈이 뭔지를 물으면 이 질문을 좋아하는 경우보다, 질문이 부담스럽다고 생각하는 경우가 더 많다고 해요. 그 까닭은 내가 미래에 무엇을 이루고 싶다는 마음보다 무엇을 이루지 못할까 봐 걱정하는 마음이 더 크기 때문이라고 할 수 있죠.

그래서 한 가지 말해 주고 싶은 것이 있어요. 꿈은 꿈 자체로 의미가 있다는 사실이에요. 꿈이 남들이 보기에 근사해야 하거나 한 번 말했으니 반드시 이뤄져야 하는 건 아니에요. 꿈이 나를 지배하도록 두지 않아야 합니다. 꿈은 그 자체로 지금의 나에게 힘을 주며, 나 스스로에게 더 많은 기회를 주고 폭넓은 상상을 할 수 있도록 하는 역할을 한답니다. 그렇기에 꿈은 행복하게 꾸는 것이지, 괴롭게 꾸는 게 아니랍니다.

한 가지 더, 꿈에 대해서 꼭 말해 주고 싶은 게 있어요. 내가 뭔가를 이루고 싶다는 것에서 그치는 게 아니라, 내가 이루고 싶은 꿈에 어떤 사람들이 연결되는지 상상할 수 있어야 한다는 거예요.

예를 들어, 의사가 되고 싶다면 의사와 연결된 환자를 상상할 수 있어야 하고, 가수를 꿈꾼다면 노래를 듣는 사람들을 상상할 수 있어야 하고, 사회복지사를 꿈꾼다면 함께할 사회적 약자와 동료를 생각할 수 있어야 합니다.

분명 내가 이루고 싶은 것에 함께하고 영향을 받는 사람들이 있다는 사실을 기억하세요. 꿈을 상상할 때 이 사람들을 빼놓지 않는 것이 중요합니다. 자신이 가진 재능과 능력, 꿈은 다른 사람과 연결될 때 더 큰 의미가 있으며, 그러할 때 나도 행복할 수 있답니다.

이제 엄청난 재능을 지닌 영화 주인공을 소개할 차례입니다. 바로 영화 〈빅 히어로〉의 주인공인 히로예요. 히로는 열세 살 나이에 고등학교를 졸업하고 이미 대학교 과정까지 다 꿰고 있는 천재 소년입니다. 자신의 재능으로 로봇까지 발명하지만 이 빼어난 재능을 불법 로봇 배틀에 낭비하고 있어요.

그런 히로가 걱정이 된 형 테디는 우연인 척, 히로를 자신의 학교로 데려가 친구들과 발명품들을 소개해 줍니다. 형이 발명하고 있는 베이맥스라는 건강도우미 로봇도 보여 주지요. 베이맥스 로봇은 인간의 병을 진단하는 것은 물론이고, 무려 1만 가지의 치료법을 탑재하고 있습니다.

히로는 이를 계기로 대학에 입학하겠다고 마음먹습니다. 입학 허가를 받기 위해서는 발표회에 선보일 뭔가를 만들어야 하는데요, 히로는 엄청난 집중력을 발휘해서 자신의 격투 로봇을 변형시켜 생각하는 대로 움직이는 마이크로봇을 만들어 냅니다.

잠깐, 여기에서 히로가 발명한 로봇 이야기를 해볼까 합니다. 로봇을 발명하다니 신기하게만 느껴지는데, 더 신기한 건 이 로봇은 내가 생각하는 대로 움직이는 로봇이라는 거죠. 손가락 하나 정도 크기의 마이크로 조각 여러 개가 모여서, 내가 생각하는 대로 순식간에 어떤 모양을 만듭니다. 또 누군가를 이동시키는가 하면, 무기가 될 수도 있고, 위협으로부터 방어막이 될 수도 있어요. 이런 로봇을 발명하다니 히로는 정말 대단한 능력을 지니고 있는 게 분명합니다.

히로가 대학에 입학하기 위해 만든 마이크로봇은 뇌파를 이용해서 조종하기 때문에 상상력이 로봇 조종 도구입니다. 그런데 바로 이 점이 문제이자 한계이기도 합니다. 정신으로 조종하는 마이크로봇은 건설, 수송, 인명구조 등에 다양하게 활용할 수 있지요. 하지만 조종하는 사람이 악의를 품는다면 큰 범죄에 사용되는 재앙의 발명품이 될 수도 있겠지요. 어떤 사람이 이 로봇을 조종하느냐에 따라 세상에 큰 도움이 될 수도, 어마어마한 파괴력을 가질 수도 있는 거죠. 아마 히로는 이 마이크로봇이 사회에 도움이 되길 바라는 마음으로 발명했을 거예요. 형 테디가 베이맥스를 치료가 필요한 사람에게 도움이 되길 바라는 마음으로 만들었던 것처럼요.

오직 하나만 본다는 것은 다른 것은 보지 못한다는 것

입학 발표회에서 히로는 자신의 마이크로봇을 멋지게 소개하고 입학 허가를 받게 됩니다. 이제 형과 함께 마음껏 발명품을 만들며 같은 길을 걸어갈 수 있겠네요.

그런데 바로 이 날, 히로는 화재로 형을 잃고 맙니다. 불길에 휩싸인 교수님을 구하러 들어갔던 형이 영영 돌아오지 못한 거죠. 사랑하는 형을 잃은 슬픔으로 힘들어하던 히로 앞에 형이 발명한 로봇인 베이맥스가 등장합니다. 베이맥스가 히로의 몸을 스캔해 보니 형을 잃은 슬픔으로 몸도 마음도 힘이 빠져 있고 우울한 상태네요. 부모님도 잃고 형도 잃고 학업에도 관심 없는 히로에게 베이맥스가 치료법으로 처방한 것은 바로 '친구'입니다. 베이맥스는 건강관리를 위해 제작되었지만 마음을 어루만져 주는 역할이 더 큰 것 같아요. 계속 이렇게 묻거든요.

출처: 〈빅 히어로〉

건강도우미 로봇 베이맥스는 형을 잃고 슬퍼하는 히로를 꼭 안아주며 다 잘될 거라고 위로해 줍니다.

"그렇게 하는 게 너의 기분을 좋게 하니?"

히로는 베이맥스 덕분에 다시 활력을 찾는 것처럼 보입니다. 조금씩 세상 밖으로 나가는가 하면, 자신을 걱정하는 친구들을 만나서 시간을 보내기도 하지요.

그러던 중 히로는 우연히 자신의 마이크로봇을 움직이고 있는 마스크맨을 발견하게 됩니다. 버려진 창고에서 마스크로 얼굴을 가리고 은밀하게 움직이는 것이 뭔가 음모를 꾸미는 것처럼 보이네요. 그런데 알고 보니 마스크맨은 바로 형 테디가 학교에 불이 났을 때 구하러 들어갔던 그 교수님이었습니다. 우리 형은 죽었는데 교수님은 살아있다니! 게다가 교수는 형의 죽음을 형의 실수라고 말합니다. 그 말에 히로는 머리 끝까지 화가 치밉니다.

분노에 휩싸인 히로는 베이맥스에게 내장된 건강도우미 칩을 빼내고 대신 전투 칩을 넣어서 전혀 다른 베이맥스를 탄생시킵니다. 하얗고 보드라운 느낌의 베이맥스가 거칠고 전투 본능을 가진 베이맥스로 완전히 바뀌었네요. 이제 누군가를 치료하는 베이맥스는 사라지고, 상대방을 무술과 무기로 제압하는 전투 기능이 탑재된 베이맥스가 되었습니다.

여러분, 혹시 눈치 챘나요? 히로는 지금 악당인 교수를 물리친다는 이유로 베이맥스를 전투 로봇으로 개조했지만, 사실은 형을 잃은 분노를 교수에게 퍼붓고 있다는 사실을요. '어떻게 우리 형은 죽고, 당신은 살아있을 수 있어?' 하는 마음에 그동안 쌓였던 슬픔이 분노로 바뀌게 되면서, 오직 복수하는 데만 에너지를 쏟아붓습니다. 교수에게 어떤 사정이 있는지 자세히 알아보기도 전에 감정에 휩싸여, 자신의 재능과 형이 만든 베이맥스 그리고 자신을 위로하러 모인 친구들까지 모두 복수에 이용하고 가담시킵니다.

친구들은 뭔가 이상하다고 느끼면서도 히로가 원하는 일이니 최대한 함께하기 위해 노력하지요. 베이맥스는 히로가 바꾼 칩 때문에 이전에는 없던 공중을 나는 기능까지 갖추게 됩니다. 그러면서 여전히 묻습니다.

"그렇게 하는 게 너의 기분을 좋게 하니?"

그런데 사실은 말이죠, 마스크맨인 교수 역시 사랑하는 딸을 잃고 복수를 준비하고 있었던 거였어요. 한 회사의 순간이동 실험 중 포털 안으로 사라진 딸을 그리워하며, 자신의 딸을 그렇게 만든 회사를 무너뜨리는 데 몰두하고 있었던 거죠. 마치 형을 잃은 슬픔을 복수하는 데 쏟아붓던 히로처럼 말입니다.

이렇게 한 가지 감정에 빠져 있으면 그 감정에 지배를 받게 됩니다. 그리고 주변이 파괴되든 주위 사람들이 힘들어하든 보이지 않게 되지요. 히로가 건강도우미 로봇을 전투 로봇으로 만들 정도로 오직 공격하는 것에만 몰두하고, 자신이 하는 일이 다른 것들을 돕는지 파괴하는지도 살피지 못했던 것처럼 말입니다.

히로는 복수를 이루면 행복할 거라는 생각이 착각이었다는 사실을 알게 됩니다. 앞뒤 가리지 않고 복수를 하는 것이 자신의 기분을 좋게 하지 않는다는 걸 말입니다. 히로는 자신의 재능을 잘못된 방향으로 사용함으로써 베이맥스와 친구들까지 거칠고 위험하게 만들었다는 걸 깨닫고는 크게 반성합니다.

출처 : 〈빅 히어로〉

히로는 악당을 물리치기 위해 베이맥스를 전투 로봇으로 개조합니다. 오직 공격하는 것에만 몰두할 뿐 자신이 이루고 싶은 것이 다른 것들을 돕는지 파괴하는지도 살피지 못합니다.

내 꿈은 세상과 어떻게 연결될까?

영화에는 두 가지 로봇이 등장합니다. 하나는 형 테디가 발명한 베이맥스로, 끼워 넣는 칩에 따라 인간을 돕는 건강도우미 로봇이 될 수도 있고, 공격하고 파괴하는 전투 로봇이 될 수도 있습니다. 또 하나는 히로가 발명한 마이크로봇으로, 조종하는 사람의 생각에 따라 누군가를 구할 수도 있고, 누군가에게 위협이 될 수도 있죠.

주인공 히로와 형 테디 그리고 대학교 친구들은 저마다의 특색이 담긴 무언가를 발명합니다. 아이디어에 과학기술을 더해 자신만의 발명품을 만들어 내는 꿈을 실현하고 있네요. 그런데 그 발명품들은 사용하는 사람의 마음에 따라 인간에게 크게 도움이 되기도 하고, 인간을 위험에 빠트리기도 하죠. 부정적인 감정에 휩싸이면 자기 스스로가 모든 것을 파괴할 수 있는 존재가 될 수도 있습니다. 히로가 베이맥스에게 전투 로봇 칩을 꽂은 것처럼 말이죠.

다행히 히로는 자신이 감정에 휩싸여서 잘못된 방향으로 가고 있었다는 걸 깨닫습니다. 그래서 친구들과 베이맥스와 함께 힘을 모아서 순간이동 포털 안에서 교수님의 딸을 구해냅니다. 각각의 발명 기술이 모여서 교수님의 딸도 구하고, 도시도 구한 것이죠. 그것이 맞는 길이라는 걸 히로는 알게 됩니다.

"누군가는 도와야지."

교수님 딸을 구하기 위해 무너지고 있는 순간이동 포털로 들어가면서 히로가 한 말입니다.

누군가를 미워하는 것보다 누군가를 돕는 게 더 행복하다는 사실을 깨달은 것이죠. 그렇지만 이 과정에서 베이맥스와는 이별을 하게 됩니다. 포털 공간에서 현실로 돌아오던 중 잔해에 부딪히며 추진기가 망가진 베이맥스는, 히로와 교수님 딸을 구하기 위해 자신을 희생하거든요.

그렇지만 너무 슬퍼하지 않아도 된답니다. 베이맥스의 설계법이 남아 있어서, 히로가 베이맥스 로봇을 다시 만들어 내니까요. 형 테디의 뜻을 이어받아 몸과 마음의 건강을 도와주는 로봇으로요. 히로는 세상을 위해 자신의 천재성을 사용하는 모습으로 성장하고 있네요.

미래에 내가 어떤 모습일지 꿈을 꿀 때, 우리는 꿈꾸는 그 모습을 이루는 것에만 집중하기 쉽습니다. 무엇을 이룰지, 어떤 직업을 가질지 등 '무엇'에만 관심을 쏟게 되죠. 그러나 그것보다 더 중요한 것은, 내 꿈이 세상과 어떻게 연결되는가입니다. 함께하는 사람들에게 어떤 영향력을 줄까를 고민해 보는 폭넓은 상상력이 필요합니다.

직업을 두고 생각해 본다면, '어떤' 직업인지보다 '어떤 생각을 품은' 직업인지가 중요하다고 할 수 있습니다. 예를 들어 의사를 꿈꾼다면, 그 자체보다 만나는 환자에게 정말로 도움이 되는 의사, 연구를 꾸준히 해서 고치지 못했던 병의 치료법을 개발하는 의사를 생각해 볼 수 있죠. 영화배우를 꿈꾼다면, 내 연기로 많은 관객이 감동하여 삶에 기쁨을 느끼게 한다거나, 인권에 관심을 갖게 하는 배우를 희망하는 것도 하나의 예가 될 수 있겠네요. 마찬가지로, 마음이 힘든 아이들에게 잘해 낼 수 있다고 힘을 주는 선생님이 되고 싶다는 생각을 하는 것 역시 진정한 꿈의 모습이라 할 수 있지요.

그래서 꿈은 이루는 게 아니라 연결되는 거라고 말하고 싶네요. 그렇기에 우리가 꿈을 이루어 가는 과정에서 내 꿈과 연결될 사람들에 대해 더 알려고 하고 공부하는 것이 필요하겠지요.

히로는 이제 베이맥스를 다시 만들어 사람들을 살리는 데 자신의 재능을 사용합니다. 그리고 히로의 친구들도 자신들의 발명품을 위험에 처한 사람들을 구하는 데 사용하기로 합니다. 자신들의 꿈을 세상 사람들과 연결하면서 세상을 구하는 '히어로(영웅)'가 되기로 한 것이죠. 자신의 이득만을 위해서, 자신의 잘못된 감정에만 빠져서, 혹은 자신만 돋보이기 위해서가 아닌, 모두를 살리는 꿈을 선택하다니 정말 근사하죠?

우리의 상상력은 사람들을 살리는 쪽으로도, 혹은 사람들에게 피해를 주는 쪽으로도 발휘될 수 있다는 사실을 기억하면 좋겠습니다. 여러분 안에는 그런 큰 힘이 있습니다. 미래의 꿈을 상상할 때, 그 꿈으로 인해 행복해할 사람들도 함께 떠올릴 수 있는 넓고 따뜻한 우리가 되면 좋겠습니다.

나와 연결하여 생각해 보기

1. 영화 속 이 대사는 무슨 의미일까?

   1) 베이맥스 : "상실감에 가장 좋은 치료법은 위로와 포옹이야."

   베이맥스는 형을 떠나보내고 힘들어하는 히로를 안아줍니다. 포옹도 치료법에 속한다면서 말이죠. 위로와 포옹이 왜 치료법에 속하는지 내 생각을 적어 보세요.

   _____
   _____

   2) 테디 : "넌 많은 사람을 돕게 될 거야."

   형 테디는 동생 히로를 많이 믿었나 봅니다. 테디는 히로의 어떤 부분을 믿었던 것일지 생각해 보고 적어 보세요.

   _____
   _____

2. 내가 좋아하는 영화 속 장면을 말해 주세요. 그 장면이 좋은 이유가 무엇인가요?

3. 영화 속 이야기를 바꿔 보세요. 내가 이 영화의 감독이라면 바꾸고 싶은 장면이나 스토리가 있나요? 자유롭게 상상해 보아요.

3장

다정함은
나와 다른 사람을 이어준다

● 관계와 우정 ●

진정한 친구를 사귀는 방법은 '진정성'이죠.
솔직하고 진실하게 마음을 표현하는 거요.
친구 앞에서 센 척하기보다
자신의 마음을 털어놓고 상대방을 인정하는 말을 할 때
둘의 관계는 진정한 사이가 됩니다.
마이크와 설리번처럼 말입니다.

사랑을 할 때 큰 사람이 된다
〈토이스토리〉 시리즈

"이거 내 거야."

여러분은 장난감을 가지고 놀다가 누군가에게 이런 말을 한 적이 있나요? 기억이 나지 않는 어린 시절에는 더 많이 했을지도 모르는 이 말을 잠시 생각해 보기로 해요. 누군가 다른 사람의 마음을 헤아리는 것을 '입장을 바꿔서 생각한다'고 얘기합니다. '입장을 바꿔서 생각한다'는 것은 내 마음만 고집하는 게 아니라, 상대방의 상황과 마음이 되어 생각해 보는 걸 말합니다.

영화 〈토이스토리〉 시리즈는 바로 이 생각으로 탄생되었습니다. 장난감의 세계에서는 어떤 일이 벌어지며, 장난감의 생각과 마음은 어떨까 하면서 장난감의 입장이 되어 보는 거죠.

장난감이 가장 무서워하는 건 무엇일까?

다시 '내 거'라는 말로 돌아가 볼까요? 생각해 보면 이 말은 장난감 입장에서 가장 좋아하는 말이 아닐까 합니다. 왜냐하면 장난감은 누군가의 놀이에 사용되기 위해 만들어진 물건이기 때문에 누군가의 것이 되었을 때 가장 안정감 있고 존재 가치가 있으니까요. 무언가를 갖는 것을 다른 말로 '소유'라고 합니다. 그러니, 장난감 입장에서 누군가의 소유가 되는 것, 주인이 생기고 주인의 지배를 받는 것은 아주 행복한 일일 겁니다.

그렇다면 장난감 입장에서 가장 두려운 것이 무엇인지도 생각해 볼까요? 맞아요, 바로 버림받는 일일 겁니다. 누군가의 소유였다가 더는 소유할 만한 가치가 없어진다는 것이 장난감 입장에서는 너무나 슬픈 일일 것 같아요. 그렇다면 장난감이 버림받는 순간은 언제일까요?

첫째는, 새로운 장난감이 생겨서 전에 가지고 놀던 나(장난감)를 더 이상 가지고 놀지 않게 될 때입니다. 바로 이 이야기가 〈토이스토리 1〉의 내용입니다. 주인공 우디는 주인 앤디가 가장 좋아하고 가장 잘 가지고 노는 장난감입니다. 그런데 앤디의 생일에 자신과는 차원이 다른 우주인 장난감 버즈가 등장하지요. 우디는 새로운 장난감 버즈 때문에 자신이 버림받을까 봐 버즈를 미워합니다.

둘째는, 망가져서 더 이상 쓸모가 없어질 때입니다. 우리는 망가진 장난감을 보고 속상해서 울기도 하지만, 고칠 수 없는 경우 결국 쓰레기통에 버릴 수밖에 없죠. 장난감 입장에서는 공포 그 자체

우디는 새로운 장난감 버즈 때문에 자신이 버림받을까 봐 버즈를 미워합니다.

출처: 〈토이스토리 1〉

아닐까요? 이것이 바로 〈토이스토리 2〉 내용입니다. 앤디가 우디를 가지고 놀다가 우디의 어깨 부분이 찢어지게 되지요. 그래서 원래는 여행에 우디를 가져갈 계획이었으나 집에 두고 갑니다. 이때 우디는 자신이 앤디에게 버림받을까 봐 악몽까지 꾸는 등 두려움에 휩싸입니다.

셋째는, 잃어버리고 나서 찾지 못할 때입니다. 아이들은 자신의 장난감을 종종 흘리고 다니기도 하고, 어디에 뒀는지 기억을 못 하기도 합니다. 그래서 잃어버린 후에 어디서 잃어버렸는지 몰라서 그냥 잊게 되는 경우가 많죠. 장난감 입장에서는 다시는 주인을 볼 수 없으니 얼마나 속상할까요? 바로 〈토이스토리 3〉의 이야기입니다. 자신을 잃어버린 주인 때문에 상처를 입고 랏소처럼 악당이 되기도 하죠.

이렇게 장난감 입장이 되어서 생각해 보니, 모두 '누구 거'라는 소유에서 벗어나는 게 두려운 거네요.

왜 악당이 되었을까?

〈토이스토리〉 시리즈에도 악당이 등장합니다. 악당이 하는 역할은 주인공의 모험을 더 빛나게 해주는 것이죠. 영화를 보는 관객인 우리로 하여금 긴장감을 갖게 하고, 영화 보는 재미를 한층 더 끌어 올려 줍니다. 1편에서는 우디가 새로 온 장난감인 버즈를 질투하면서 악당이 될 뻔하지만, 다행히 같이 집으로 돌아오면서 우정을 쌓습니다. 이 과정에서 옆집 아이의 손아귀에서 벗어나는 게 관건이었죠. 옆집 아이는 장난감을 분해해서 괴상한 모습으로 조립하는 취미를 가지고 있었거든요.

2편에서는 어깨가 찢어진 우디를 우연히 주운 사람이 악당으로 등장합니다. 장난감을 팔아서 돈을 버는 일을 하는 사람이었죠. 이 악당 때문에 우디는 주인 앤디를 영영 못 볼 뻔하지만, 이 악당 덕분에 망가진 어깨가 고쳐지기도 합니다.

자, 이제 우리가 주목할 것은 3편과 4편에 나오는 악당입니다. 3편에 나온 악당 기억나세요? 주인이 자기를 잃어버려 주인에게서 영원히 잊혔다고 생각하는 햇빛마을의 랏소 말이에요. 랏소는 자신을 아끼고 사랑하는 주인 데이지가 자신을 잃어버리는 바람에 온갖 고생 끝에 데이지 집을 찾아 돌아옵니다. 그런데 글쎄 데이지가 자신과 똑같이 생긴 인형을 갖고 놀고 있는 게 아니겠어요? 이를 본 랏소는 마음이 차가워집니다. 버림받는 장난감의 운명을 경멸하며 스스로

〈토이스토리 3〉에 등장하는 악당 랏소. 자신이 사랑받지 못한다는 생각 때문에 다른 장난감을 힘들게 하는 악당이 됩니다.

출처:〈토이스토리 3〉

다른 장난감들을 통제하는 권력자가 되어버리죠. 그러면서 주인을 사랑하는 다른 장난감들의 마음을 비웃고, 그들이 주인에게 돌아가지 못하도록 막습니다.

마지막 편인 〈토이스토리 4〉에 나오는 악당은 바로 개비개비입니다. 개비개비는 애초에 주인이 없었어요. 자신은 만들어질 때부터 부품 중 하나인 소리상자가 잘못되어서 주인의 선택을 받지 못하고 골동품 가게에 버려졌다고 생각하죠. 소리상자만 온전해지면 자신도 다른 장난감처럼 주인이 생겨서 사랑받으며 살 수 있을 거라고 생각합니다. 그래서 우디의 소리상자를 탐내게 됩니다. 주인에게 사랑받고 싶은 간절한 마음이 지나쳐서 오히려 개비개비는 악당이 되어버렸네요.

여러분, 〈토이스토리〉 3편과 4편에 나오는 랏소와 개비개비의 공통점을 눈치 챘나요? 네, 맞아요. 바로 자신이 사랑받지 못한다는 생각 때문에 악당이 되었다는 것이죠. 누군가의 '내 거', 즉 소유가 되지 못하고 버림받았다는 생각에 마음이 차가워지고 다른 장난감을 힘들게 하는 악당이 된 거예요. 이들은 누군가의 사랑을 받아야만 자신이라는 존재가 완성된다고 생각했어요. 누군가의 사랑을, 다시 말해 주인의 사랑을 받지 못하면 자신이라는 존재는 아무런 가치가 없다고 생각하는 마음이 스스로를 악당으로 만든 겁니다.

사랑을 받을 때보다 사랑을 줄 때 행복하다

〈토이스토리〉 시리즈는 1편부터 4편까지 저마다 다른 이야기를 담고 있는 동시에 주인공 우디의 성장 과정을 그리고 있습니다. 1편에서는 우디가 새로운 장난감에 대한 질투에 휩싸이지만 곧 정신 차리고 우정을 깨달아 갑니다. 2편에서는 자신이 버림받을까 봐 두려운 나머지 스스로 앤디를 떠나려고 결심하지만, 그럼에도 앤디 곁에, 그리고 사랑하는 다른 장난감 친구들 곁에 머물기 위해 결국 돌아오죠. 3편에서는 이제 어른이 된 앤디와 이별하고 새로운 주인인 보니를 만나는 과정에서 이별을 받아들일 줄 아는 성숙한 사람, 아니 성숙한 장난감이 되어갑니다.

우디는 여기에서 멈추지 않고 4편에서 놀랍게 성장하는 모습을 보이는데 어떤 성장일지 짐작이 되나요? 우디는 장난감인 자신의 운명은 주인이 있어야 하고 주인의 사랑을 받아야 한다는 걸 잘 알고 있습니다. 사랑이 변하기도 하고 새로운 주인이 생기기도 하지만, 결국 사랑을 해주는 누군가의 곁에 있는 것이 장난감의 운명이라고 생각하죠. 그런데 우디는 여기서 한발 더 나아갑니다. 사랑을 받는 존재에서 사랑을 주는 존재로.

새로운 주인인 보니는 앤디와 달리 우디를 가장 우선순위로 좋아하지 않습니다. 유치원에서 직접 만든 포키라는 장난감을 가장 좋아하죠. 보니는 포키가 없으면 울며 잠을 잘 자지 못할 정도로 포키를 애지중지합니다. 그런데 포키는 그것도 모르고 자꾸만 보니 곁을 떠나려고 하죠.

그래서 우디는 자신의 주인인 보니를 위해 포키가 보니 곁에 있도록 도와주고, 포키에게 장난감의 운명에 대해 알려줍니다. 자신보다 더 사랑받는 다른 장난감을 밀어내기 위해 노력하는 게 아니라,

우디와 포키. 〈토이스토리 4〉에서 우디는 사랑을 받는 존재에서 사랑을 주는 존재가 됩니다.

출처: 〈토이스토리 4〉

보니를 행복하게 하는 게 무엇인지 알고 그걸 지켜주기 위해 노력하는 거죠. 즉, 자신이 사랑받기 위해 노력하는 게 아니라 스스로 사랑을 주는 존재가 되어가는 겁니다.

 게다가 한 번도 주인의 사랑을 받아본 경험이 없는 개비개비에게 자신의 소리상자를 내어 주는 모습도 감동적입니다. 개비개비 또한 길을 잃은 한 아이 곁에서 힘이 되어 주는 경험을 하면서 행복을 느낍니다. 이것은 바로 우디가 자신만 사랑받으려는 마음에서 벗어나, 다른 이들을 사랑하는 마음과 그들이 행복했으면 하는 마음을 갖는 데에서 비롯된 것입니다.

 여기서 비밀 하나를 알려줄게요. 우리는 보통 사랑을 받는 것이 가장 행복할 거라고 생각하지만 아니랍니다. 오히려 누군가를 사랑하고 누군가의 행복을 위해 뭔가를 할 때 진정으로 행복하답니다. 사랑을 받는 것보다 사랑을 하는 것이 더 큰 자유이기도 하죠.

간디, 마틴 루터 킹, 톨스토이 등에게 큰 영향을 주었다는 '헨리 데이비드 소로'는 《시민불복종》이라는 책에서 이렇게 말합니다.

"나는 누구에게 강요받기 위해서 태어난 것은 아니다. 나는 내 방식대로 숨을 쉬고, 내 방식대로 살아갈 것이다."

바로 이 말처럼 우디는 누군가에게 사랑받는 장난감의 운명대로 사는 것에서 벗어나 누군가를 사랑하는 존재가 되기로 자신의 삶을 선택한 거죠. 우디는 누군가를 사랑하는 방식을 선택함으로써 더 자유로워지고, 더 큰 경험을 하게 되고, 더 행복해진 것 같습니다. 〈토이스토리 4〉에서 우디는 더 넓은 세상을 바라보며 더없이 기대되는 표정이었으니까요.

여러분, 우디를 보며 우리 자신에 대해서 한번 생각해 보면 좋겠습니다. 나는 누군가가 주는 사랑에 따라 행복이 좌우되는 존재로 살 것인지, 누군가를 사랑하는 더 큰 존재로 살 것인지 말입니다.

나와 연결하여 생각해 보기

1. 영화 속 이 대사는 무슨 의미일까?

   1) **우디**: "앤디가 크는 걸 막을 순 없겠지. 그래도 괜찮아. 함께할 동안은 행복할 테니까." (-〈토이스토리 2〉중에서)

   이 말을 하는 우디는 어떤 마음일지 우디 입장이 되어 생각해 봅시다.

   _____

   _____

   2) **버즈**: "자기 삶을 찾은 거지. 무한한 공간 저 너머로." (-〈토이스토리 4〉중에서)

   우디가 장난감으로서의 삶에서 벗어나 자유의 몸이 되었을 때 버즈가 한 말입니다. 이 대사에서 느껴지는 '진정한 자유'의 의미가 무엇인지 내 생각을 적어 보세요.

   _____

   _____

2. 내가 좋아하는 영화 속 장면을 말해 주세요. 그 장면이 좋은 이유가 무엇인가요?

_____
_____
_____
_____

3. 영화 속 이야기를 바꿔 보세요. 내가 이 영화의 감독이라면 바꾸고 싶은 장면이나 스토리가 있나요? 자유롭게 상상해 보아요.

_____
_____
_____
_____

2

우정은 경쟁보다 힘이 세다
몬스터 대학교

 여러분은 만약 괴물이 우글우글한 세상에 툭 하고 떨어진다면 어떨 것 같나요? 생각만 해도 너무 무섭겠죠? 뿔과 이빨이 뾰족하고, 여러 개의 기다란 촉수가 꿈틀대며, 손과 다리도 여러 개이고, 심지어 머리가 둘 달린 괴물들이 떼 지어 가까이 다가온다면… 아마도 "악, 안 돼! 도와주세요!"라고 외치며 달아날 겁니다.
 그런데요, 자세히 봤더니 그 괴물이

"안녕? 나 너와 친구가 되고 싶어."
하면서 웃으며 손을 내미는 겁니다.

여러분은 괴물과 악수를 할 수 있을 것 같나요? 어, 그런데 우연히 옆에 있는 거울을 보니 내 모습도 그와 같은 괴물의 모습인 거 있죠. 알고 봤더니 괴물 세상에 나만 툭 떨어진 것이 아니라, 내가 괴물이기 때문에 괴물 세상에 살고 있었던 거네요.

그렇다면 뭐가 문제일까요? 모두가 괴물이라면 서로 무서워할 필요 없이 다 같이 어울려 친구하면 되겠네요. 그리고 무엇보다 이건 아주 재미있을 것 같아요. 서로의 모습을 관찰하면서 우리가 어떤 게 같고 어떤 게 다른지 이야기 나누는 거요. 그러면 각자가 가진 특징에 감탄하느라 시간 가는 줄 모를 것 같아요.

'다르다'를 넘어 고유성의 세상으로

이런 세상이 영화 속에서는 얼마든지 있을 수 있는데 그곳이 어디인지 여러분은 이미 알고 있을 겁니다. 네, 바로 몬스터들이 우글우글 모여 있는 몬스터 대학교입니다. 온갖 괴물들, 즉 몬스터가 사는 세상에는 당연히 대학교도 있겠지요.(그럼 몬스터 초등학교도 있을 텐데 어떤 모습일지 궁금하네요.)

　몬스터들의 가장 큰 꿈은 어린이들이 잠들려고 하면 나타나 겁을 주고 깜짝 놀라게 하는 것입니다. 이걸 전문적으로 하는 회사가 바로 '몬스터 주식회사'이고, 이 곳은 모든 몬스터가 꿈꾸는 회사예요. 이 회사에 들어가기 위해서는 대학교에 들어가 '겁주기 전공'과 '겁주기 프로그램'을 익혀 겁주기 실력을 키워야 합니다.

　그래서 주인공 마이크는 어릴 적부터 꿈이었던 '몬스터 주식회사'에 들어가기 위해 대학교에 입학을 했습니다. 대학교에 간 첫날, 마이크는 놀라움을 금치 못하네요. 세상에! 이렇게나 많은 몬스터가 있다니. 게다가 모든 몬스터가 저마다 다른 모습을 하고 있고, 크기

출처: 〈몬스터 대학교〉

꿈에 그리던 몬스터 대학교에 입학한 마이크. 세상에는 크기도, 모습도, 능력치도 제각각인 몬스터들이 워낙 많아서 초록공처럼 생긴 마이크는 다른 몬스터보다 무섭지도 괴기하지도 않네요.

도, 모습도, 능력치도 모두 다릅니다. 그래서 커다란 눈만 하나 가운데 떡 하니 있는 둥근 초록공처럼 생긴 마이크의 모습은 다른 몬스터보다 무섭지도 괴기하지도 않습니다. 오히려 귀여운 쪽에 속하죠.

여러분은 '다르다'라는 말을 잘 알 겁니다. 그리고 '다르다'는 '틀리다'와 다른 말이라는 것도 알고 있을 테고요. '다르다'는 각각의 개성을 인정하는 말이고, '틀리다'는 나를 기준으로 너는 잘못되었다는 말입니다. 어떤 말이 인간에게 더 어울릴까요? 우리는 서로 다른 모습과 특징을 가지고 있습니다. 반드시 어떤 모습이어야 한다는 기준이 있는 게 아니라, 서로 다른 것이 당연하다는 것을 압니다. 생김새도, 목소리도, 좋아하는 것과 싫어하는 것도, 잘하는 것과 못 하는 것도, 생각하는 것도 다른, 저마다의 모습을 가지고 있습니다.

만약 누군가가 나에게

"너는 나와 다른 걸 좋아하는 걸 보니 잘못된 사람이야."

라고 말한다면 어떨까요? 기분이 나쁘기 전에 먼저 '되게 이상한 말을 하네.'라고 생각할 것입니다. 서로 다른 모습을 보며 각자가 지니고 있는 특성을 인정하고, 그 다른 모습이 저마다의 매력이 되는 세상, 그것이 몬스터 대학교의 세상이고 곧 우리가 살고 있는 인간 세상이기도 합니다.

몬스터 대학교는 바로 우리 인간 세상을 괴물로 표현하여 그대로 옮겨 놓은 것이라 할 수 있습니다. 인간은 생김새가 대체로 닮아 있기에 다르다는 것을 표현하기에 한계가 있습니다. 그런데 몬스터는 상상 속 존재이기 때문에, 서로 아주 다르게 생긴 것과 다른 특징을 가지고 있다는 걸 표현하기에 적합하지요. 몬스터 대학교의 세상만큼이나 서로 다른 우리가 만나서 서로를 인정하고 존중하며, 우정을 쌓아가는 과정을 생각하면 행복합니다. 마치 영화 속 마이크와 설리번이 그런 과정을 거쳐 친구가 되어가는 것처럼 말입니다.

'다르다'라는 말은 각자의 개성을 인정한다는 것이고, 개성을 인정한다는 것은 '고유성'이라는 말과 연결됩니다. 고유성은 본래부터 가지고 있어서 특유하다, 즉 저마다의 특별함이 있다는 걸 말합니다. 이것은 누가 빼앗아 갈 수도 없고 줄 수도 없죠. 그렇다면 이 고유성을 기억하면서 서로 다른 몬스터들이 어떻게 지내는지 영화 속으로 들어가 볼까요?

경쟁으로 이기는 것보다 더 빛나는 건 협력이다

꿈에 부풀어 몬스터 대학교에 입학한 마이크의 대학생활은 생각보다 쉽지 않네요. 마이크는 많은 몬스터 친구들을 사귀고, 자신의 무서움을 더 연마해서 최고의 겁주기 선수가 되고 싶었어요. 그런데 모두가 자기를 작고 귀엽다고만 하고, "너는 무섭지 않아." 하면서 무시합니다. '겁주기 대회'에 참가하고 싶은데 자신과 같이 하려는 사람도 없고, 자신의 존재감은 점점 더 약해지는 것만 같습니다.

마이크는 좋아하는 공부를 아주 열심히 합니다. 하지만 타고난 모습이 무섭지 않아서 아무리 노력해도 인정받을 수 없을 것 같습니다. 아주 게으른 대학생으로 보이는 설리번은 대대로 무섭게 생긴 집안 출신이라 그것만 믿고 공부도 안 합니다. 그런데 무서운 표정과 무서운 소리를 내는 것만으로도 이미 겁주기 선수 같습니다. 재능을 타고난 거죠. 마이크는 그런 설리번이 싫고 설리번은 마이크를 무시합니다. 둘은 절대로 친구가 될 수 없을 것 같네요.

설리번은 마이크가 딱 질색하는 스타일입니다. 타고난 재능만 믿고 공부도 안 하는데, 아무나 들어갈 수 없는 동아리에도 아무 노력 없이 들어갑니다. 마이크 자신은 이렇게 열심히 해도 겁주기 대회에 함께할 팀원을 구하기조차 어려운데 말이에요. 믿었던 룸메이트마저 자신을 배신하고 다른 동아리에 들어가 버렸거든요.

마이크가 속한 동아리는 몬스터 중에서 가장 안 무서운 몬스터만 모여 있는 '울지 마 까꿍'입니다. 어째 이름부터가 무섭기보다 귀엽네요. 아니, 그런데 설리번이 이런 자신들의 동아리에 들어오겠다고 하는 게 아니겠어요? 알고 보니 공부를 너무 안 해서 꼭 통과해야 할 테스트를 통과하지 못해, 들어가기로 했던 동아리에서 퇴짜를 맞은 거였어요.

마이크는 설리번이 마음에 들지 않지만, '겁주기 대회'에 출전해서 우승을 해야 겁주기 교육 프로그램에 참여할 수 있는 기회를 얻을 수 있기에 어쩔 수 없이 설리번을 받아들입니다. 이렇게 어렵사리 대회에 참가할 수 있는 인원을 채운 '울지 마 까꿍' 팀은 이제 합숙 훈련을 시작하죠. 하필이면 마이크는 설리번과 같은 방을 쓰게 되어서 불편한 게 한둘이 아닙니다. 방에서 나올 때도 서로 먼저 나오려다 넘어지기 일쑤고, 좁은 방안에서 덩치가 크고 게으른 설리번과 지내자니 계속 몸을 부딪히게 됩니다.

'울지 마 까꿍' 팀은 겁주기 대회에서 우승할 확률이 가장 낮은 팀입니다. 팀원들 자체가 모두 무섭지 않고, 다른 몬스터들보다 재능도 보잘것없습니다. 그렇지만 마이크는 계속해서 팀원들의 기운을 북돋우면서 맹훈련에 들어가고 그렇게 서로 가까워집니다. 물론 설리번과 가까워진 것은 아니고요.

열심히 훈련한 '울지 마 까꿍' 팀은 운이 좋기도 하고, 다른 팀이 반칙을 써서 실격을 당하기도 해서 어느새 대회의 마지막 단계를 앞두고 있습니다. 여기서 이기면 우승하게 되는 거죠. 그러나 동아리 팀원들은 이미 지친 데다, 아무리 열심히 해도 우승까지는 어려울 거라는 생각에 의기소침해집니다.

이때 마이크는 팀원들이 힘을 낼 수 있는 방법을 생각해 냅니다. 바로 전설적인 겁주기 선수들의 활약을 보여 주는 것이죠. 그래서 팀원들을 모두 데리고 전설들이 일하고 있는 '몬스터 주식회사' 건물에 몰래 들어갑니다. 옥상 창문에서 그들의 활약을 목격하면서 마이크의 예상대로 팀원 모두는 다시 꿈을 찾습니다. 그 과정에서 설리번과 마이크는 둘 다 같은 선수들을 좋아하고, 그 선수들 카드를 모으며 꿈을 키워 왔다는 공통점이 있다는 것도 알게 되죠. 이를 계기로 드디어 설리번과 마이크는 친해집니다. 친해지고 나니 호흡이 척척 맞아서 비좁은 방에서도 부딪히지 않고 잘 지냅니다. 뭔가 느낌이 좋죠? '울지 마 까꿍' 팀은 과연 우승을 할 수 있을까요?

여기서 잠깐, 우리가 함께 생각해 봐야 할 것이 있습니다. 영화 초반에는 서로 잘 맞지 않고 서로를 이해하지 못하던 동아리 팀원들, 그리고 마이크와 설리번이 이제는 아주 가까워졌습니다. 그 어

'울지 마 까꿍' 팀은 초반에는 서로 잘 맞지 않고 서로를 이해하지 못했지만 어느새 아주 가까워졌습니다. 그 어느 팀보다 빛이 납니다. 이유가 뭘까요?

출처: 〈몬스터 대학교〉

느 팀보다 빛이 납니다. 이유가 뭘까요? 다른 팀은 점수가 안 좋으면 서로를 탓하거나 "너 때문이야." 하면서 으르렁거리는데, '울지 마 까꿍' 팀은 서로가 최선을 다했음을 알아줍니다. 대회에서 이기는 것도 중요하지만 팀원이 중요하다는 점을 같이 생활하고 친해지면서 알아가게 되죠. 주고받는 눈빛에서 따뜻함과 서로를 향한 응원이 가득합니다. 이것이 바로 이 팀이 빛나는 이유였어요.

서로가 가진 개성과 재능을 존중해 주고, 잘한 것을 충분히 인정해 주고, 서로 잘할 수 있다고 토닥여 주는 사이. 이게 바로 진정한 친구 관계가 아닐까요? 경쟁에서 이겨서 우승을 하는 것도 빛이 나 보이지만, 서로를 돕는 협력은 그보다 더 빛이 난다는 것을 우리는 알고 있습니다. 우리가 은연중에 '울지 마 까꿍' 팀을 응원하게 되는 것도 바로 이 때문이겠지요.

진정한 친구를 사귀는 방법

자, 결과가 어떻게 됐을까요? 네, 맞아요. '울지 마 까꿍' 팀이 우승을 하게 됩니다. 아니, 어떻게 가장 보잘것없고 아무도 기대하지 않았던 이 팀이 이길 수 있었던 걸까요?

'울지 마 까꿍'의 팀원들은 서로 얼싸안고 기뻐하며 모두의 환호를 받으면서 경기장을 떠나 파티 장소로 갑니다. 특히 마이크는 마음이 벅차오릅니다. 이 순간이 오기를 얼마나 기다렸는지요. 겁주기 교육 프로그램을 배워 몬스터 주식회사에 입사하는 꿈을 이룰 수 있게 되어 얼마나 기쁜지 모릅니다. 아마 평생 이 순간을 잊지 못할 것입니다.

바로 그 행복한 순간에, 마이크는 자신의 팀이 승리하게 된 숨겨진 비밀을 알아채게 됩니다. 깜짝 놀라는 아이 인형이 조작되어 사실은 작은 소리에도 100점이 나왔던 겁니다.

"너야? 네가 그랬어?"

마이크는 설리번을 추궁하고, 설리번은 '모두 너를 위해서였다'고 말합니다. 마이크는 자신의 실력을 믿어 주지 않고, 거짓으로 모두를 속인 설리번에게 실망합니다. 그리고 스스로의 힘을 증명하기 위해 인간 세상으로 연결된 문을 열고 들어갑니다. 그러고는 인간 아이들을 만나 자신이 얼마나 무서운 존재인지 확인하는데….

"아, 귀여워. 너 정말 귀엽다."

인간 아이들은 몬스터 마이크를 무서워하기는커녕 귀여워하네요. 마이크는 자신이 몬스터로서 어떤 존재감도 없다는 사실에 좌절하고 맙니다.

여러분, 이제 어쩌죠? 마이크가 너무나 큰 상처를 받은 것 같아요. 설리번과 사이도 영영 멀어지게 될 것 같습니다.

여기서 우리 잠시 생각해 볼까요? 설리번은 왜 그런 행동을 한 것일까요? 인형을 조작하는 것이 정말 마이크를 위한 일이었을까요? 영원히 몰랐다면 아무 문제 없었을까요? 가장 큰 문제는, 설리번이 마이크를 믿지 않았다는 겁니다. 친구를 판단하고 동정하는 마음은 진정 친구를 위한 마음이 아니죠. 설리번은 우승을 하면 마이크가 기뻐할 거라고 생각했지만, 마이크는 옳지 못한 방법으로 우승하는 것을 원하지 않았던 겁니다. 이번에는 설리번이 크게 잘못한 것 같습니다.

설리번은 용기를 내어 마이크가 사라진 인간 세계로 이어지는 문 안으로 들어갑니다. 위험해질 수도 있지만 마이크를 구해야겠다고 생각한 것 같아요. 설리번은 어두운 강가에 슬프게 앉아있는 마이크를 발견합니다.

"정말 미안해."

설리번은 진심을 담아 마이크에게 사과합니다. 친구 사이를 더욱 단단하게 하는 것이 바로 이 '사과하는 일'이죠. 잘못에 대해 사과하고 용서하는 것, 마음을 털어놓고 화해하는 것은 친구가 되기로 마음먹는 순간부터 꼭 지켜야 할 우정의 법칙이라고 할 수 있습니다.

출처: 〈몬스터 대학교〉

마이크와 설리번은 티격태격하다가도 결국엔 솔직하고 진실하게 마음을 표현하여 서로 진정한 친구 사이가 됩니다.

그리고 설리번은 마이크에게 그 누구에게도 털어놓은 적이 없는 자신의 마음을 털어놓습니다. 자신은 무섭게 태어났지만 그것은 겉모습일 뿐, 사실 모든 것을 겁내는 존재라고요. 겉모습은 당당해 보이지만 사실은 늘 겁이 난다고 말입니다. 그리고 마이크에게 이야기합니다.

"넌 하나도 안 무섭지만 대신 넌 두려움을 몰라. 무슨 일이든 두려워하지 않고 시도하는 네가 부러워."

진심을 담아 얘기하면 그 마음은 상대방에게 전달이 되는 법이지요. 마이크는 설리번이 그런 마음을 가지고 있는지 몰랐기에 그 말을 듣고 많이 놀랍니다. 그리고 설리번을 이해하기 시작합니다.

우리는 살면서 여러 명의 친구를 사귀게 됩니다. 여러분은 지금 가까이 지내는 친구들과 오래도록 친구일 수도 있고, 시간이 지나서는 다른 친구들과 친하게 지내게 될 수도 있습니다. 어떤 경우든 진정한 친구를 사귀는 방법은 '진정성'이죠. 솔직하고 진실하게 마음을 표현하는 거요. 친구 앞에서 센 척하기보다, 자신의 마음을 털어놓고 상대방을 인정하는 말을 할 때, 둘의 관계는 진정한 사이가 됩니다. 마이크와 설리번처럼 말입니다.

진정한 친구를 사귀는 방법은, 판단하지 않고 서로를 존중하고 알아가며, 잘못한 것은 진정한 마음을 담아 사과하는 것입니다. 그리고 친구가 되기로 했다면 사과를 받아주고 화해하며, 자신의 마음을 있는 그대로 털어놓아야 하지요.

이제 마이크와 설리번은 다정하게 몬스터 대학교를 중퇴하고 곧바로 몬스터 주식회사에 입사합니다. 아, 물론 우편물 관리팀으로요. 그리고 차근차근 열심히 일해서 여러 부서로 옮겨 다니다가 마침내 겁주기 팀에 배정됩니다. 그 후엔 우정의 힘으로 몬스터 주식회사에서 최강의 콤비가 되죠. 보기만 해도 행복한 미소가 지어지는 사이네요.

우리도 우정을 쌓아갈 때 마이크와 설리번을 생각하면 좋겠어요. 서로 다르기에 서로를 채워 줄 수 있는 사이가 되었다는 사실을요. 여러분은 이미 누군가와 이런 우정을 나누고 있나요? 분명 그 우정이, 혹은 앞으로 다가올 우정이 서로를 한껏 행복하게 해줄 것입니다.

나와 연결하여 생각해 보기

1. 영화 속 이 대사는 무슨 의미일까?

   1) 마이크: "넌 할 수 있어. '설리번'은 잊고 널 믿어."

   마이크는 겁주는 일을 두려워하며 할 수 없다고 말하는 설리번에게 이렇게 말했어요. 설리번에게 '설리번'을 잊으라는 건 무슨 말일까요?

   _____

   _____

   2) 설리번: "넌 하나도 안 무섭지만 대신 넌 두려움을 몰라."

   설리번이 사실 자신은 겉으로 무서워 보이지만 마음은 늘 못 해낼까 봐 두렵다고 고백하며 마이크에게 한 말입니다. 마이크에게 '두려움을 모른다'고 한 말은 무슨 뜻일까요?

   _____

   _____

2. 내가 좋아하는 영화 속 장면을 말해 주세요. 그 장면이 좋은 이유가 무엇인가요?

_____

_____

_____

_____

3. 영화 속 이야기를 바꿔 보세요. 내가 이 영화의 감독이라면 바꾸고 싶은 장면이나 스토리가 있나요? 자유롭게 상상해 보아요.

_____

_____

_____

_____

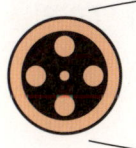

3

서로를 알게 되면 우정도 깊어진다

루카

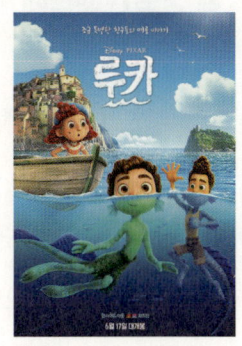

여러분에게 친구 한 명을 소개해 주려고 해요. 이름은 루카이고, 이탈리아에 살고 있어요. 호기심이 많아서 새로운 물건이나 세상에 관심이 많고, 하루 종일 밖을 돌아다니며 세상을 관찰하다가 허겁지겁 집으로 돌아갑니다. 그리고 부모님이 절대로 가지 말라고 하는 곳을 궁금해하면서 호시탐탐 가보려고 궁리를 합니다. 어른들은 위험하다고 하지만 자신의 눈으로 직접 보고 경험해 보고 싶은 거죠.

루카는 분명 겁이 나지만 모험도 해보고 싶은 것 같아요.

여러분도 이 친구와 함께 모험을 떠나 보면 어떨까요? 같이 돌아다니며 호기심 가득한 눈으로 이것저것 살펴보고, 내가 알고 있는 세상을 점점 넓혀 가는 일, 생각만 해도 설레지 않나요?

진짜 무서운 게 아니라, 잘 모르기 때문에 무서운 것

그런데 루카는 우리와는 조금 다른 존재랍니다. 다른 세상에 살고 있고, 다른 모습이기도 해요. 루카는 바로 물속에 사는 어인(물고기 어(魚), 사람 인(人)이랍니다. 어인족은 바닷속에서는 상반신은 인간, 하반신은 물고기 모습이지만 육지로 나오면 인간의 모습으로 변해요. 하지만 몸에 물이 조금이라도 닿으면 피부색이 파랗게 변하고 지느러미가 생기면서 금세 어인의 모습으로 돌아간답니다.

자, 그러면 루카가 우리와는 다른 종족이라는 설명을 듣고도 친구로 지낼 마음이 생기는지 한번 생각해 보세요. 바닷속에 사는 어인족과 여러분은 친구로 지낼 수 있을까요? 그런데 여기에서 끝이 아닙니다. 이 어인족에 대해 흉흉한 소문이 있어요. 그들은 사실 바다괴물이라 불리는데, 인간을 위협하고 공격하는 무시무시한 존재라고 인간들은 믿고 있어요.

그럼 이제 다시 물을게요. 이런 루카를 소개해 준다면 친구로 지낼 수 있을까요?

우리와는 다른 존재와 친구가 되는 일은 쉬운 게 아니죠. 저도 덥석 겁부터 날 것 같아요.

그러면 상황을 바꿔 볼게요. 아주 친하게 지내던 친구가 자신의 정체에 대해서 고백을 하는 거예요. 자신은 사실은 바닷속에 살고 있는 어인족이고, 인간들에게 바다괴물이라고 소문났지만 그것은 사실이 아니며, 자기 자신을 믿어달라고 말입니다. 그 친구와 나는 오랜 세월 깊은 우정을 맺어 왔고, 내가 어울렸던 그 친구는 참으로 좋은 면이 많다는 걸 알고 있습니다. 이럴 경우, 나의 경험을 믿어야 할까요, '바다괴물'이라고 하는 세상 소문을 믿어야 할까요?

루카는 우연히 알게 된 어인족 친구인 알베르토와 육지 마을로 부모님 몰래 나가게 됩니다. 바다 밖으로 나왔기에 인간의 모습이 된 루카와 알베르토는 육지세상을 구경하며 신나는 경험을 하지요. 특히 둘이서 직접 만든 오토바이를 타는 일은 무엇보다 신이 납니다. 언젠가는 진짜 오토바이인 '베스파'를 사서 함께 세상을 구경하겠다는 꿈도 생깁니다.

어인족인 루카의 부모님은 육지인간은 괴물이라며 육지에 가지 못하게 하지만, 루카와 알베르토는 육지세상이 궁금하기만 합니다.

출처:〈루카〉

    그러다가 줄리아라는 육지의 인간 친구를 만나게 되고 줄리아의 집에 머물게 됩니다. 자신이 살아왔던 바다세상이 아닌 새로운 육지세상을 날마다 구경하면서 즐거운 시간을 보내게 되지요. 특히 스파게티를 맛보고, 누워서 밤하늘의 별을 보는 일은 꿈처럼 행복합니다.

    그러나 육지세상에서는 바다괴물이 무섭다는 소문이 퍼지면서 하나같이 바다괴물을 없애 버려야 한다고 말합니다. 루카와 알베르토는 몸에 물이 닿으면 본래의 어인족 모습으로 변할 수 있으니 언제나 조마조마합니다. 심지어 바다괴물을 잡는 사람에게는 현상금까지 준다고 하니 더더욱 자신들의 존재를 들키면 안 될 것 같아요.

게다가 줄리아의 아버지는 소문에 따르면 바다괴물 사냥꾼이라고 합니다. 그러니 만약 자신들의 존재를 알게 되면 집에서 쫓아내는 것은 물론이고, 벽에 걸려 있는 쇠작살을 자신들을 향해 던질지도 모릅니다.

이런 조마조마한 상황에서도 루카는 육지에서의 생활과 육지사람들과 지내는 모든 시간이 즐겁습니다. 어인족인 자신의 부모는 육지사람들이 괴물이자 무서운 존재라고 말하고, 육지사람들은 어인족이 바다괴물이며 무서운 존재라고 말하는데, 대체 왜 그러는지 이유를 모르겠습니다. 양쪽을 다 경험한 루카에게는 둘 모두 좋은 존재입니다. 둘이 서로 어울려 지내면 좋으련만 그저 안타깝기만 합니다.

우정은 서로를 알려고 할 때 시작된다

우리는 잘 모르면 경계를 합니다. 지금까지 보던 모습이랑 다르다면 일단 가까이 하지 않고, 때로는 위협적인 존재로 인식하지요. 물론 루카처럼 바다괴물이라고 불리는 어인족을 만나면 모두가 경계를 하겠지요. 그렇지만 실제로 살면서 이런 존재를 만날 확률은 아주 낮습니다. 영화 속 루카는 상상 속의 존재니까요.

우리는 우리와 같은 '사람'을 만나게 됩니다. 그렇다면 굳이 경계할 필요가 없지요. 그런데 그 사람의 겉모습만 보고 판단하여 친하게 지낼지 아닐지를 단번에 결정하고, 그 결정을 바꾸지 않는 경우도 많습니다. 이런 것을 '편견'이라고 말합니다. 편견은 내가 보고 싶은 면만 보고, 한쪽으로 치우친 생각을 고집하는 걸 말한답니다.

분명한 것은, 누군가 나를 편견을 갖고 대하면 참 기분이 나쁜데, 나 역시 누군가를 편견을 갖고 대하는 경우가 있다는 사실입니다.

여러분, 혹시 이런 말을 해본 경험이 있나요?

"그 친구가 알고 보니까 괜찮은 애야."

"어머, 이 친구에게 이런 면도 있었네."

"알고 보니 우리가 비슷한 점이 많네."

이 세 가지 말을 해본 적이 있다면, 여러분은 벌써 인간관계의 가장 큰 진리를 깨우친 거나 마찬가지입니다. 그 진리가 뭐냐고요? 바로 '알고 보면'입니다. 우리는 누군가를 대할 때 '알고 보면'을 위해 노력하지 않고, 겉모습이나 한 가지 모습만 보고 판단하고는 '쟤는 저런 아이야.'라고 단정짓는 경우가 있죠. 만약 나를 누군가가 그렇게 대한다면 속상하고 화가 날 겁니다.

"잘 알지도 못하면서."
라면서 억울해하겠지요.

이 영화의 주인공 루카는 바로 그런 걸 보여 주기 위해 상상으로 탄생한 존재입니다. 우리는 영화를 보면서 루카를 경계하기보다는 이해하고 사랑스럽게 바라보게 되죠. 왜냐하면 영화 주인공으로 만나면서 루카의 마음을 이해하게 되니까요. 루카라는 존재는 결코 괴물이 아닐 뿐 아니라, 나와 다르지 않은 감정과 생각을 지닌 존재라는 걸 '알기' 때문입니다.

루카 역시 육지인간은 괴물이라는 어인족 부모님의 말을 믿기보다는 직접 경험하면서 인간과 친구가 되는 길을 선택하게 됩니다. 이 영화 〈루카〉는 누구나와 '우정'을 쌓을 수 있다는 것을 잘 보여 주는 영화입니다. 그런 차원에서 루카의 우정 이야기를 더 들려주고 싶어요.

육지세상에서는 매년 철인 3종(수영, 파스타 먹기, 자전거) 경기가 열리는데, 우승자에게는 상금이 주어집니다. 루카와 알베르토는 우승 상금으로 그토록 꿈꾸던 오토바이인 베스파를 살 수 있다는 생각에 들떠 대회에 나가고 싶어 하지요. 이 대회에 줄리아와 루카, 알베르토가 한 팀으로 출전하기로 하면서 셋은 날마다 훈련을 하며 우

루카와 알베르토는 육지인간 친구인 줄리아와 함께 철인 3종 경기에 나가기로 하고 날마다 훈련을 하면서 우정을 쌓아갑니다.

출처 : 〈루카〉

정을 쌓아갑니다. 줄리아의 아버지와도 말이죠.

그런데 어느 날부터인가 알베르토는 줄리아와 루카가 친해지는 것이 점점 불편해집니다. 급기야는 질투심에 사로잡혀 사고를 치고 말아요. 자신의 자전거에 루카를 태우고는 전력질주를 하다가 그만 바다에 빠지게 된 겁니다. 루카는 바다에 빠지는 순간 모습이 변했다가 다행히 줄리아가 나타나기 전에 인간 모습으로 돌아옵니다. 루카는 알베르토의 이런 행동에 화가 납니다. 하마터면 줄리아에게 들킬 뻔했으니까요.

줄리아는 씩씩거리는 루카와 알베르토 사이에서 둘을 화해시키려 해요. 그러나 둘 사이는 좀처럼 좁혀지지가 않네요. 게다가 알베르토는 더 화가 나서 줄리아 앞에서 바다에 뛰어들어 본래의 어인족 모습을 드러내고 말아요.

"아악, 바다괴물이야. 바다괴물."

줄리아는 알베르토의 모습을 보며 비명을 지릅니다. 이제 루카는 어쩌죠? 자신도 친구인 알베르토와 같은 어인족이라는 걸 밝혀야 할까요? 아니면 자신은 바다괴물이 아니라며 알베르토를 멀리해야 할까요? 자신과 계속해서 함께해 준 친구가 바다괴물이라며 손가락질을 받을 때 루카는 어떤 선택을 해야 할까요?

모든 것이 혼란스럽고 두렵기만 한 루카는 육지인간들 편에 서서 알베르토를 보며 "바다괴물이다!"라고 소리치고 맙니다. 알베르토는 이 말에 상처를 입고 충격과 배신감에 금방이라도 울 것만 같은 눈망울로 쓸쓸히 바닷속으로 도망치지요. 루카와 알베르토의 우정에 심하게 금이 갔네요. 둘의 관계는 다시 좋아질 수 있을까요?

이해하는 만큼 우정도 깊어진다

육지인간들 편에 서서 알베르토에게 손가락질하며 "바다괴물이다"라고 외친 루카도 곧 줄리아에게 정체를 들키게 됩니다. 루카는 자신도 바다괴물 취급을 받으면서 알베르토가 어땠을지를 떠올리게 되고, 알베르토가 오랫동안 머물던 곳으로 그를 찾으러 갑니다. 그리고 그곳에서 알베르토가 해놓은 낙서를 발견하게 되지요. 자신이 버림받았다고 생각하면서 아버지를 기다리며 하루하루 날짜를 센 흔적이었어요. 루카는 그제야 버림받은 알베르토가 오랜 시간 혼자 지냈다는 것을 알게 됩니다. 그리고 아버지가 떠난 이유를 자신의 탓이라고 생각하는 알베르토를 보며 마음 아파합니다.

루카가 힘들었을 때 도움이 되어 준 친구 알베르토. 이제는 루카가 알베르토에게 힘이 되어 줄 차례입니다. 루카는 결심을 하고 알베르토에 말합니다. 자신이 대회에 나가서 우승을 한 다음 함께 베스타를 타고 떠나자고요. 과연 알베르토는 마음을 풀고 루카의 제안을 받아들일까요?

대회 날, 루카는 혼자 경기에 나가 온 힘을 다합니다. 마침내 동네 악당이자 매년 1등을 해온 강력한 우승후보 에콜레를 따라잡아 1등으로 달리고 있는데, 갑자기 비가 오기 시작하네요. 동네 사람 모두가 나와서 지켜보는 대회인데, 루카가 만약 비를 맞아 바다괴물로 변하면 사람들에게 죽임을 당할지도 몰라요. 그때 알베르토가 멀리서 우산을 들고 달려옵니다. 감동이 밀려오는 순간이에요. 그런데 에콜레가 달려오는 알베르토를 발로 걷어찹니다. 그 바람에 알베르토는 넘어져 비를 맞게 되고 순식간에 어인족의 모습으로 변하고 맙니다.

줄리아 앞에서 모습이 변했던 때와 같은 상황이 반복되네요. 비를 맞고 어인족의 모습이 된 알베르토, 그를 보며 "바다괴물이다!"라고 외치며 놀라는 동네 사람들. 이전처럼 알베르토를 모른 척하고 우산을 쓰고서 조금만 더 간다면 루카는 우승을 하게 되겠지요. 그렇지만 루카는 두 번 다시 친구를 버리고 자기만을 위한 선택을 하고 싶지는 않습니다. 알베르토도 이번만큼은 친구의 꿈을 응원하며 도움이 되고 싶어서 루카가 빗속으로 뛰어드는 것을 막습니다.

"오지 마. 거기에 있어. 너는 아직 괜찮아."

둘의 우정은 서로를 이해하고 알아간 만큼 더 단단해진 것 같습니다.

에콜레가 던진 그물에 알베르토가 잡히자, 이를 보고 빗속으로 자전거를 타고 뛰어드는 루카. 어인족의 모습으로 변한 루카는 넘어져 있는 알베르토를 향해 손을 뻗습니다. 루카와 알베르토는 자전거를 타고 빗속을 달려 결국 1등으로 들어오게 됩니다.

어인족의 모습을 한 루카와 알베르토가 작살을 든 사람들에게 둘러싸여 있어요. 살기 가득한 사람들 속에서 에콜레가 그들에게 소리칩니다.

"다들 너희를 끔찍하고 역겹게 생각해. 너희는 괴물이니까!"

그러자 줄리아가 루카와 알베르토 편에 서서 이들은 괴물이 아니라고 말합니다.

"그럼 이것들이 바다괴물이 아니면 뭔데?"

그러자 쇠작살을 들고 있던 바다괴물 사냥꾼인 줄리아의 아버지가 걸어 나오면서 말합니다.

"내가 알지. 이 아이들은 루카와 알베르토야."

누구보다 바다괴물을 싫어하고 언제든 쇠작살을 던질 준비가 되어 있던 줄리아의 아버지 마시모가 루카와 알베르토의 이름을 부르며 그들 편에 서네요. 그들이 괴물이 아니라 그저 루카와 알베르토라는 이름을 가진, 줄리아와 같은 아이들일 뿐이라는 걸 함께 지내면서 알게 된 거죠. 마음이 통한 사이에서는 모습이 다르다는 것이 더는 큰 문제가 되지 않는가 봅니다.

여러분도 다르다는 이유만으로 누군가에게 편견과 두려움을 갖게 된 적이 있나요? 선뜻 다가가기 어려웠다면 용기를 내어 마음을 열어 보세요. 편견과 두려움은 상대방이 나에게 준 것이 아니고 내 생각이 만들어 낸 것이니까요. 내가 만들어 낸 것은 내가 없앨 수도 있거든요. 마음과 뜻이 통하게 되면 다름에 대한 경계도 점차 사라질 겁니다. 그리고 용기를 낸 만큼 친구라는 값진 선물을 얻게 될 거예요.

줄리아와 줄리아의 아버지가 루카과 알베르토를 보호하고 나서자 사람들도 점점 마음을 열기 시작해요. 겉모습만 보고 괴물이라 여긴 두 친구에게서 루카와 알베르토를 떠올리게 된 것이지요. 마을에서 함께 지내며 자신들이 이미 알고 있던 루카와 알베르토 말이에요. 사람들은 바다괴물이라며 막연하게 혐오했던 스스로를 돌아보며 하나둘 작살을 내려놓습니다. 편견이 허물어지면 그 자리에는 우정과 존중이 피어오릅니다.

사람들은 루카와 알베르토의 우승을 인정하고 축하해 주고 마을에서 걸었던 바다괴물 현상금 포스터도 찢어 버립니다. 포르토로소 마을은 이제 누구든 다르다는 이유로 차별받지 않고 모두가 즐겁게 어울려 사는 아름다운 마을이 되었답니다.

가만히 들여다보면 우리가 사는 세상에는 여전히 편견으로 고통받는 사람들이 있습니다. 작은 용기가 주변의 잘못된 생각을 변화시킬 수 있답니다. 편견이 있는 사람들에게 진실을 보게 해주었던 줄리아와 줄리아의 아버지, 그리고 "바다괴물이 아니라 내 친구야." 하고 두려움을 딛고 손을 내민 루카처럼 말이죠. '알고 보면'이 진정한 용기를 불러온다는 걸 꼭 기억하면 좋겠습니다.

나와 연결하여 생각해 보기

1. 영화 속 이 대사는 무슨 의미일까?

   1) **알베르토**: "왜 모든 걸 못 한다고만 생각해? 한번 시도해 보는 거야."

   겁을 내는 루카에게 알베르토가 한 말입니다. 이 말이 나에게 어떻게 와 닿는지 생각해 보고 적어 볼까요?

   _____

   _____

   2) "우리를 물 밖으로 나오게 한 모두에게 이 영화를 바칩니다."

   이 말은 영화 맨 끝의 엔딩 크레디트(끝자막)에 나오는 말입니다. 우리 시대에 루카와 같은 어인족이 물 밖으로 나온다는 것은 무엇을 의미할까요? 또 여러분에게 이와 비슷한 경험이 있다면 무엇인지 적어 보세요.

   _____

   _____

2. 내가 좋아하는 영화 속 장면을 말해 주세요. 그 장면이 좋은 이유가 무엇인가요?

_____
_____
_____
_____

3. 영화 속 이야기를 바꿔 보세요. 내가 이 영화의 감독이라면 바꾸고 싶은 장면이나 스토리가 있나요? 자유롭게 상상해 보아요.

_____
_____
_____
_____

4장

차별하지 않고
모두를 존중한다

● 공감과 포용 ●

"우리 모두 단점이 있고 우리 모두 실수를 하죠.
서로를 이해하려고 노력할수록
서로의 차이를 더 포용하게 될 거예요.
여러분이 어떤 동물이든
지금보다 더 좋은 세상을 만들 수 있게요.
변화의 시작은
여러분 모두이며, 나 자신이며, 우리 모두니까요."

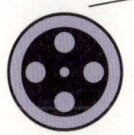
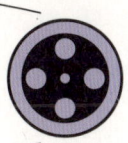

1

공감은 '우리'를 연결해 준다

엘리멘탈

여러분에게 있는 경험 하나를 제가 맞춰 볼게요. 분명히 이 경험은 이 책을 읽는 모두에게 있을 겁니다. 저에게도 있고, 여러분 가족과 아는 사람들 모두에게 있는 경험이랍니다. 그것은 바로 '낯선 사람과 친구가 되어 본 경험'입니다. 맞죠?

우리 모두는 낯선 사람과 친구가 되어 본 경험이 있습니다. 태어날 때부터 아는 사이는 아니었으니 말이죠. 가족을 제외하고는 처음

본 사람과 인사를 나누고, 이름을 묻고 외우며, 서로 비슷하거나 다른 것을 얘기하고, 서로의 마음을 털어놓고, 같은 경험을 하면서 추억을 쌓으며 친해졌을 겁니다. 이렇게 서로 낯선 사람들이 가까워지기 위해서 꼭 필요한 것이 있는데 그게 무엇일까요? 바로 '다정함'이랍니다.

다정한 것들이 살아남았다고요?

여러분은 다정한 사람을 좋아하나요, 아니면 차가운 사람을 좋아하나요? 여러분은 다른 사람에게 다정한 사람인가요, 차가운 사람인가요? 여러분이 다정한 사람인지 아닌지 스스로 알 수 있는 방법이 있어요.

누군가에게

"안녕?" 하고 인사를 해본 적이 있다면,

"고마워."라고 마음을 표현해 본 적이 있다면,

"힘내."라고 토닥여 준 적이 있다면,

다정한 사람이라고 할 수 있습니다.

물론 이 말을 더 자주, 많이 한다면 더 다정한 사람이겠지요.

여러분, '적자생존'이라는 말을 들어 본 적이 있나요? 만약 없다면 앞으로 많이 들어 보게 될 겁니다. 이 말은 환경에 잘 적응하는 생물만이 살아남는다는 뜻이에요. 영국의 생물학자인 '찰스 다윈'이 한 말이라고 알려져 있지만, 찰스 다윈은 그런 말을 한 적이 없다고 해요. 후대에 생물학자들이 찰스 다윈의 이론을 정리하는 과정에서 생긴 오해라고 합니다.

우리 인류는 역사상 강한 종이 살아남은 것이 아니라, 오히려 친화력이 강한 종이 살아남았다고 할 수 있답니다. 함께 모여서 움막을 짓고 살고, 서로 도와서 농사를 짓고, 위협적인 짐승을 같이 막아가며 협력했기 때문에 지금까지 살아남아서 지금과 같은 문명을 이룰 수 있었던 거지요.

그렇기 때문에 지금을 살아가고 있는 우리들의 세포에는 다정함이 흐르고 있다고 말할 수 있습니다. 그렇지만 이 사회를 보면 서로를 미워하고, 차별하고, 따돌리고, 고통스럽게 하는 모습을 종종 보게 되지요. 도대체 왜 그럴까요? 인간은 비슷하다고 생각되면 금세 가깝게 여기지만, 비슷하지 않다고 생각되면 방어를 하는데, 바로 이러한 인간의 '잘못된 다정함' 때문이죠. 즉, 다정함이 한쪽으로 기울어져서 다정할 사람과 다정하지 않을 사람을 구별하기 때문입니다. 우리가 모두 같은 생명체라는 사실을 기억한다면, 다정할 사람과 다정하지 않을 사람을 구별할 필요가 없겠지요? 그래서 바로 이런 내용을 담고 있는 영화 이야기를 나누려고 합니다. 여러분이 아주 반가워할 영화예요.

영화 〈엘리멘탈〉은 서로 다른 불, 물, 공기, 흙 원소들이 모여 사는 엘리멘트 시티를 보여 주는데요, 물 원소 웨이드와 불 원소 앰버가 바로 주인공이랍니다. 물과 불이라니 벌써 둘은 아주 반대처럼 보이지요? 과연 둘 사이에는 어떤 일들이 일어날까요?

먼저, 불 원소 앰버 이야기를 들려드릴게요. 앰버의 부모님은 고향을 떠나 엘리멘트 시티로 온 이주민입니다. 엘리멘트 시티는 물 원소 중심으로 도시가 만들어져 있어요. 그래서 물이 닿으면 꺼질 수밖에 없는 불이 살아가기가 쉽지 않습니다. 또한 다른 것을 태워 버릴 수도 있다는 인식 때문에 집을 빌려주려고 하지 않아요. 문을 열었다가 불이라는 겉모습을 보고는 이야기를 더 들어 보려고도 하지 않고 문을 쾅 닫아 버리죠.

그래서 앰버의 부모님은 낡은 주택을 사서 '파이어 플레이스'라는 가게를 열고 그 가게를 앰버에게 물려주기 위해 열심히 일합니다. 앰버는 어릴 적부터 '파이어 플레이스' 가게 주인이 되는 것이 꿈이라고 생각하면서 어느덧 어엿한 어른이 되었네요.

같이 울어 주는 존재의 위대함

이제 앰버는 가게를 운영하는 것도, 주문된 물건을 배달하는 일도 능숙하게 해낸답니다. 지금 이 분위기라면 곧 가게를 물려받아도 되겠지요? 아니아니, 사실은 아직 준비가 안 되었어요. 왜냐하면 앰버는 화가 나면 불이 화르르 커져서 주변 것들을 태워 버려요. 그래서 가게 물건을 태우기도 하지요. 특히 가게 손님이 지나친 요구를 하거나 가게를 어지럽히면, 참아야지 하다가 결국에는 폭발을 합니다. 앰버 또한 그러고 싶지 않은데 마음이 부글부글 끓어올라서 확 폭발하는 자신의 마음 때문에 스스로도 너무나 속상합니다. 그리고 결국은 이 때문에 큰 사고를 치고 맙니다.

가게에서 아주 중요한 날, 불타오르는 마음을 진정하기 위해 지하창고로 내려가지만 결국은 폭발하게 되고, 창고의 물건들과 물 배관을 파손하게 되죠. 이 때문에 지하창고로 물이 새어 들어오고 그 물과 함께 물 원소 웨이드가 같이 들어오게 됩니다. 물은 어디로든 흐를 수 있잖아요.

여러분, 웨이드가 어떤 특징을 가졌는지 아시나요? 잘 울어요. 엄청 잘 울어요. 누군가의 사연을 듣기만 해도, 그냥 앰버의 가족사진만 봐도 감동해서 울어요. 그러면서도 자신의 일에 성실해서 앰버 부모님 가게 배관에 문제가 있다는 걸 발견하고 공무원으로서 보고를 하려고 하죠. 이 보고가 접수되면 '파이어 플레이스'는 문을 닫아야 한답니다. 가게 문을 닫으면 앰버 가족의 꿈이 산산이 부서지는데 이를 어쩌면 좋죠? 떠나버린 웨이드를 앰버가 열심히 따라가 보지만 결국은 놓치게 되고, 잘못된 배관 문제는 시청에 보고가 되어 파이어 플레이스는 폐업 위기에 처하게 됩니다.

보고를 마치고 나오던 웨이드는 좌절해 슬퍼하는 앰버의 이야기를 듣고 공감하며, 같이 문제를 해결하자고 하네요. 담당자인 자신의 상사를 같이 설득하자고 말이죠. 이때 웨이드가 이런 말을 합니다.

"아까 했던 아빠와 네 얘기 해드려. 그 얘기 나는 감동했는걸."

여기에서 웨이드가 어떤 존재인지 알 수 있습니다. 웨이드는 누군가의 이야기를 진심으로 듣고, 상대방의 마음을 같이 느끼고, 감동하여 그 얘기를 더 빛나게 해줍니다. 영화를 보다 보면, 이렇게 깊게 공감하는 웨이드의 모습에 감탄이 절로 나옵니다.

웨이드의 공감 능력에 대해 더 이야기해 볼까요? 웨이드와 앰버

불 원소 앰버와 물 원소 웨이드. 물과 불이라니 둘은 아주 반대처럼 보이지요? 과연 둘 사이에는 어떤 일들이 일어날까요?

출처 : 〈엘리멘탈〉

는 함께 폐업 문제를 해결하기 위해 운동경기를 보러 간 상사를 찾아갑니다. 그리고 경기장에서 한 선수가 기대에 미치지 못하는 실력으로 관중들에게 야유를 받는 모습을 보게 됩니다. 이때 웨이드는 그 선수가 최근에 어머님이 아프셔서 컨디션이 엉망이라는 사연을 이야기하며 야유 대신 응원이 필요하다고 말합니다. 그러자 금세 관중들의 분위기가 전환됩니다. 관중들은 야유를 멈추고 파도타기를 하는 등 그 선수를 응원하기 시작하지요. 야유를 받고 의기소침해 있던 선수는 응원을 받고 활기를 되찾아 멋진 경기를 보여 줍니다. 관중들이 보고 싶었던 바로 그 플레이를 펼쳐 보이죠.

웨이드는 겉으로 드러난 모습으로 상대방을 판단하지 않고 속마음을 헤아려서, 지금 진정으로 필요한 것이 무엇인지를 아는 것 같습니다. 여러분은 이런 사람이 곁에 있다면 어떨 것 같나요? 함께하는 것만으로도 힘이 나겠죠? 나 역시 누군가에게 그런 존재가 될 수 있답니다.

앰버는 웨이드와 친해지면서, 자신이 어릴 적에 꼭 보고 싶었으나 불이라는 이유로 입장 거부를 당해 보지 못한 '비비스테리아' 꽃 이야기를 합니다. 앰버는 어릴 적에 아버지와 설레는 마음으로 평소에 보고 싶었던 비비스테리아 꽃을 보러 갔었답니다. 그러나 입구에는 '불 입장 금지'라는 표지판이 있었고, 화가 난 앰버의 아버지가 입장을 막는 직원과 언성을 높이며 싸우게 되었지요. 지나가는 사람들은 "불은 꺼져!"라며 화를 냈고요. 이 이야기를 하면서 앰버는 그때 생각이 나서 점점 화가 납니다. 이때 웨이드가 눈물을 흘리며 말합니다.

"정말 무서웠겠다."

네, 맞습니다. 앰버는 당시의 상황이 사실 무서웠습니다. 겉으로는 화가 난 것처럼 보이지만, 사실은 아빠가 싸우는 걸 보고 지나가는 사람들이 뭐라고 하는 말을 들으며 어린 앰버는 무서웠던 거죠. 그 마음을 웨이드가 정확하게 읽어 주자 앰버 역시 화가 난 겉마음을 가라앉히고 그때의 솔직한 마음을 고백합니다.

"맞아, 무서웠어."라고 말입니다.

이렇듯 공감은 상대방의 마음을 비추어서 위로하기도 하고, 기운이 나게도 하는 힘을 가지고 있습니다. 마치 어두운 곳에서 추워서 움츠러든 새싹에게 햇빛이 따스하게 비추면, 몸을 활짝 펴고 푸르게 자랄 수 있는 힘이 생기는 것처럼 말입니다.

웨이드는 상대방의 마음에 공감하는 것은 물론이고, 문제해결을 위해 앰버와 동행하기까지 합니다. 두 사람은 이렇게 시간을 같이 보내며 절대로 함께할 수 없을 것 같은 물과 불도 함께할 수 있다는 사실을 발견합니다.

출처: 〈엘리멘탈〉

앰버가 어릴 적에 꼭 보고 싶었으나 불이라는 이유로 입장 거부를 당해 보지 못한 '비비스테리아' 꽃 이야기를 하자, 웨이드는 눈물을 흘리며 "정말 무서웠겠다."라고 말합니다.

다정함은 모두를 행복하게 한다

앰버는 웨이드 그리고 웨이드의 다정한 가족과 시간을 보내며 한 가지 진실과 마주하게 됩니다. 자신은 사실 아버지의 가게를 물려받고 싶지 않다는 것을 말입니다. 실은 부모님의 큰 희생에 보답하는 유일한 길은 자신의 인생을 희생하는 길밖에 없다고 생각해서 아버지의 뜻을 따르려고 한 것이죠.

자신이 늘 욱했던 것도 사실은 진짜 속마음을 숨겨 놓고 있었기 때문이라는 것도 깨닫게 됩니다. 하지만 그렇다고 해서 가게를 물려받지 않고 자신의 꿈을 찾겠다는 선택을 할 수가 없습니다. 그래서 웨이드를 사랑하지만 밀어내게 되죠. 물과 불은 절대 함께할 수 없다고 차갑게 말하면서요.

드디어 '파이어 플레이스'를 물려받게 된 날, 임시로 막아놓았던 댐이 터지면서 가게는 물에 잠기게 되고 앰버도 물에 의해 꺼질 수도 있는 위험에 처합니다. 웨이드는 자신을 차갑게 밀어낸 앰버를 구하기 위해 달려오고, 앰버를 구하는 과정에서 자신을 희생하며 수증기로 증발해 버리고 맙니다. 상대방이 행복해야 자신이 행복하다는 사실을 웨이드는 알고 있었나 봅니다.

그런데 여러분, 슬퍼하지 않으셔도 됩니다. 물이 수증기가 되기도 하지만, 수증기가 모이면 다시 물이 되기도 하는 거 알죠? 앰버는 슬프고 감동적인 이야기로 수증기가 되어 있는 웨이드를 울려서 다시 물의 모양으로 돌아오게 합니다. 누군가의 이야기에 눈물을 잘 흘리는 웨이드의 마음이 웨이드 자신을 살린 거네요.

이제 앰버는 자신의 꿈을 향해 웨이드와 떠납니다. 돌아올 때는 멋진 유리예술가가 되어 있을 것 같아요. 참 행복한 결말이죠?

웨이드는 건강한 내면과 타인을 다정하게 대하는 모습으로 모두를 행복하게 하는 존재입니다. 앰버가 자신이 가장 원하는 게 무엇인지 깨닫도록 돕고, 절대 함께할 수 없다는 물과 불이 함께할 수 있다는 것도 증명하네요. 이렇듯 누군가를 경계하고 방어하고 밀어내는 힘보다, 공감하고 함께하고 연결하는 힘이 훨씬 더 강하답니다. 우리는 모두 이 사실을 알고 있습니다. 누군가와 사이가 좋을 때 더 기운 나고 행복하다는 사실을 이미 알고 있잖아요.

세상 사람들 모두가 웨이드처럼 다정하다면 세상은 정말이지 평화롭고 행복할 것 같아요. 그렇다면 다정하다는 것은 무엇일까요? 두 가지 정도로 정리할 수 있을 것 같아요.

첫째, 따뜻함, 타인을 바라보는 시선입니다. 웨이드는 불 원소인 앰버를 자신과 다르다고 밀어내거나 경계하지 않고, 앰버가 가진 장점과 사랑스러움을 볼 줄 아는 캐릭터입니다. 그 덕분에 정해진 것을 따라야 한다는 생각에 빠져 있는 데다 사실은 그 때문에 내면에 분노가 가득한 앰버가, 자신과 타인에게 솔직해지고 용기를 내는 선택을 할 수 있게 됩니다. 웨이드는 물 원소인 자신과 완전히 다른 앰버를 있는 그대로 받아들입니다. 그리고 이를 넘어 장점을 볼 줄 아는 따뜻한 시선으로 앰버의 마음을 녹이고, 둘의 관계도 행복하게 이끌어 갑니다. 웨이드는 어디를 가나 주변 사람들을 웃게 하고, 뭉치게 하는 힘을 가지고 있습니다.

둘째, 공감과 타인을 위한 행동입니다. 다른 사람에게 현재 일어나고 있는 감정에 닿는 법을 아는 것이 공감입니다. 저 사람이 저 상황과 사건에서 어떤 마음일까를 짐작하고 그 마음에 함께하는 힘이지요. 그리고 공감을 넘어서 타인과 함께 행복할 수 있는 행동으로 이어지는 것까지가 다정함에 속합니다.

웨이드는 원칙적인 성격이면서도, 사회에서 소수인 불 원소가 처해 있는 상황에 공감합니다. 그리고 앰버에게 도움이 될 수 있는 일에 적극 나섭니다. 자신이 할 수 있는 일이 있다면 적극적으로 함께하면서 앰버의 상황이 나아질 수 있게 하죠. 그리고 그 과정에서 다른 사람을 더 깊이 이해하는 시각도 기르게 됩니다. 타인이 행복한 모습을 질투하는 수준에 머무는 것이 아니라, 타인이 행복한 모습을 보는 게 얼마나 큰 행복인지 그 비밀을 아는 것 같네요.

이런 얘기를 여러분에게 하고 싶습니다. 여러분 안에 있는 이미 따뜻하고 다정한 마음을 더 발산하라고 말입니다. 그것이 나의 행복과 내 주변 사람의 행복 그리고 인류의 행복으로 이어진다는 걸 기억하면 좋겠습니다. 지금 당장 주변에 있는 사람에게 다가가 다정한 눈빛으로 다정한 말을 건네 보세요. 그만큼 누군가는 더 행복해지고 세상도 더 행복해질 겁니다.

나와 연결하여 생각해 보기

1. 영화 속 이 대사는 무슨 의미일까?

   1) 웨이드: "화내는 것도 나쁜 건 아냐. 화가 날 때 난 이렇게 생각해. 그건 내가 마음의 소리를 들을 준비가 안 돼서라고."

   앰버가 자신이 어떻게 '공감'을 해야 하는지 잘 모르고 그것을 잘하지 못한다고 하자 웨이드가 한 말입니다. 감정을 건강하게 표현하고 다른 사람과 소통하는 방법을 어떻게 배울 수 있을까요?

   _____
   _____
   _____

   2) 앰버: "마음의 소리를 못 들어서 화가 난다는 네 말, 맞는 거 같아."

   왜 때때로 우리는 화를 내고, 슬퍼하고, 기뻐할까요? 이런 감정들은 우리 마음이 무얼 말하려고 하는 걸까요?

   _____
   _____
   _____

2. 내가 좋아하는 영화 속 장면을 말해 주세요. 그 장면이 좋은 이유가 무엇인가요?

___

3. 영화 속 이야기를 바꿔 보세요. 내가 이 영화의 감독이라면 바꾸고 싶은 장면이나 스토리가 있나요? 자유롭게 상상해 보아요.

___

2

다르기에 함께하기 더 좋다
별별이야기-동물농장

　우연히 한 초등학교 교실에서 애니메이션 영화를 보는 시간에 함께한 적이 있어요. 영화 장면 중에 주인공을 괴롭히는 장면이 나오자, 교실 안에 있는 모든 사람이 인상을 찌푸리며 안타까운 표정을 짓더라고요. 어떤 사람은 "저러면 안 되지!" 하면서 화를 내기도 하고, 어떤 사람은 "눈물 날 것 같아." 하면서 글썽이기도 하고, 또 누군가는 "아, 못 보겠어." 하면서 눈을 질끈 감기도 합니다. 주인공이 고통스러워하고 혼자서 외로워하는 장면에서는 더욱 마음 아파합니다.

이어서 영화 결말에서 주인공을 괴롭힌 사람들이 자신들의 잘못을 뉘우치고 주인공에게 진심 어린 사과를 하고는 다 같이 즐겁게 노는 장면이 나왔어요. 그때 교실에 있는 사람들의 표정을 보니, 모두가 입을 벌리고 아주 행복한 표정으로 영화를 보고 있는 게 아니겠어요? 마치 자신이 영화 속에 들어가서 같이 어울려 놀기라도 하는 것처럼 웃고, 즐거워하고, 안심하는 표정이었습니다.

서로가 어울려 노는 아름다운 풍경

여러분도 영화를 보면서 이런 경험을 해봤나요? 우리는 모두 사람이기 때문에 본능적으로, 서로 싸우고 미워하고 누군가를 몰아내는 모습을 보면 얼굴이 찌푸려집니다. 반대로 서로 즐겁게 어울려 노는 모습을 보면 얼굴이 활짝 펴지면서 마음도 즐거워집니다. 왜냐하면 인간은 서로 연결되어 있을 때 가장 마음이 편하거든요. 이 편안함은 평화롭고 안전한 마음에서 비롯된 것이죠.

반대로 인간은 서로를 밀어낼 때 가장 두려움을 느낍니다. 사람과 사람 사이가 단절될 때 영원히 혼자가 될까 봐 공포감이 올라옵니다. 여러분은 안정감과 공포감 가운데 평생 하나의 감정만 느끼고 살 수 있다고 한다면, 어떤 감정을 고를 건가요? 아니 한 달 동안 느껴야 할 감정으로 고르라고 해도 안정감을 선택하지 않을까요? 우리는 모두 안정감을 느끼고 싶어 하고, 안정감을 느낄 때 가장 행복하니까요.

이 안정감이 바로 다 같이 어우러지는 '연결감'에서 비롯된다는 걸 기억해 주세요. 이제부터 바로 이런 이야기를 담고 있는 영화를 소개해 주려고 하거든요.

바로 〈별별이야기〉라는 영화인데요, 이 영화는 국가인권위원회라는 곳에서 만들었어요. 여러분, 국가인권위원회가 뭐 하는 곳 같아요? 이름 속에 힌트가 있답니다. 네, 맞아요. 바로 '인권'에 대해 아주 많은 일을 하고 있어요. 대통령 직속 기관이기도 하고, 많은 사람의 권리를 보장하는 데 아주 중요한 역할을 합니다. 여기서 '많은 사람'에는 이 책을 쓰고 있는 저와 이 책을 읽고 있는 여러분, 그리고 여러분과 저의 주변에 있는 모든 사람이 포함됩니다.

국가인권위원회에서는 인권에 대해서 영화도 만들었어요. 유명한 영화감독들에게 부탁하여, 인간이 가진 권리에 대한 이야기를 담은 영화를 만든 거죠. 이 영화 〈별별이야기〉도 그렇게 만들어졌어요. 영화에는 총 6편의 이야기가 담겨 있는데, 그중에서 '동물농장' 편에 담긴 이야기를 같이 들여다보기로 해요.

한 동물농장이 있습니다. 이 농장에는 염소 한 마리와 양 여러 마리가 살고 있어요. 농장 안쪽 울타리 안에 양들이 모여 살고, 울타리 밖에 염소 혼자 살고 있지요. 이 염소는 울타리 안의 양들을 보면서 손, 아니 앞발을 흔들며 인사를 합니다. 염소가 인사하는 것을 보고는 어린 양 한 마리도 역시 앞발을 들어 인사를 하네요. 그런데 그 순간, 어른 양이 나타나 어린 양에게 염소와 인사를 하지 말라며 심각한 표정을 짓더니 데리고 가버립니다. 염소를 향해 못마땅한 표정을 지으면서 말이죠.

여러분이 만약 염소라면 마음이 어떨까요? 네, 맞아요. 염소는 당황하고 몹시 울적해 보입니다. 울타리 안으로 들어가서 양들과 함께 놀고 싶은데, 울타리 밖에서 인사를 하는 것조차 환영받지 못하니까요. 염소는 날마다 양들이 같이 이야기하고 같이 먹이를 먹는 모습을 보면서 외로워합니다.

그러던 어느 날, 염소는 용기를 내어 조심스럽게 양들이 있는 울타리 안으로 들어갑니다. 그러고는 양들이 다 같이 먹고 있는 먹이

어느 날 양들이 있는 울타리 안으로 들어온 염소를 어른 양은 뒷발차기로 날려 버립니다. 염소는 울타리 밖으로 쿵 하고 넘어지지요.

출처: 〈별별이야기-동물농장〉

통에 같이 얼굴을 들이밉니다. 이때 어린 양에게 인사를 하지 못하게 했던 어른 양이 다가오네요. 여러분, 한번 상상해 볼래요? 무슨 일이 일어날 것 같나요?

여러분 생각이 맞았습니다. 어른 양은 염소를 뒷발차기로 날려 버립니다. 염소는 울타리 밖으로 쿵 하고 넘어지지요.

울타리 밖으로 쫓겨난 염소는 아프기도 하고 서럽기도 해서 눈물을 흘립니다. 이 장면을 생각해 보면 우리 마음도 덩달아 속상해지죠? 누군가를 밀쳐내고 쫓아내는 것처럼 무서운 건 없다는 생각이 듭니다.

다르다는 건 얼마나 재미있는 일인가!

청소년 캠프를 진행했을 때 있었던 일이에요.

"내가 좋아하는 음식 세 가지와 내가 기피하는 음식 세 가지는?"

이 질문에 대한 답을 각자 적어보고 모둠별로 발표하는 시간이 있었어요. 한 사람이 기피하는 음식이 '짜장면'이라고 말했어요. 짜장면은 누구나 좋아하는 음식인데 싫어하는 사람이 있다는 게 신기하다는 반응이었지요. 짜장면을 기피하는 음식으로 적은 사람이 "짜장면을 먹고 심하게 체해서 병원 응급실에 갔던 경험 때문에 짜장면을 보면 그때 기억이 나서 멀리 한다."라고 하니, 한 사람이 "잘 기억했다가 앞으로 급식에 짜장면 나오면 내가 대신 먹어 줄게."라고 말하더라고요. 알고 보니 같은 학교에서 온 친구인데, 짜장면을 안 좋아하는지 이제야 알게 됐다면서 건넨 말입니다. 그리고 쉬는 시간이 되자 짜장면을 기피하는 음식이라고 적은 사람에게 여럿이 우르르 다가가 "그러면 짜장밥도 싫어?", "짜파게티는?" 등의 질문을 하더라고요.

우리는 서로 같은 음식을 좋아하면 반가워하고, 서로 좋아하는 음식이 다르면 신기해하고 재미있어 합니다. 그런데 어리석은 것은, 서로 좋아하는 음식이 다르니 우리는 서로 함께하기 어렵다고 생각하고 멀어지는 일입니다. 좋아하는 음식이 다른 것은 서로 입맛이 다른 거고, 서로 입맛이 다르다 해도 그 입맛 그대로 존중받아야 하죠. 같으면 같아서 좋고, 다르면 달라서 좋고. 이게 바로 서로를 존중하며 살아가는 방법입니다. 나와 입맛이 다른 사람을 만났을 때, 오히려 더 자세하게 물어볼 수도 있고, 그 사람이 좋아하는 음식과 내가 좋아하는 음식을 한 상에 차려놓고 같이 먹으면 더 행복할 수 있잖아요.

사람은 서로 입맛이 다른 것처럼 여러 가지가 다릅니다. 생김새, 성격, 재능, 감정, 좋아하는 것, 싫어하는 것, 생각하는 것, 좋아하는 놀이 방식, 싫어하는 장소 등. 자세하게 들여다보면 같은 것보다 다른 것이 더 많습니다. 서로 다른 것을 '개성'이라고도 하고, 고유한 그 사람의 특징이라는 뜻에서 '고유성'이라고도 합니다. 이 고유성을 인정하고 존중하는 것을 '인권'이라고 하지요.

인권은 몇몇에게만 있는 것이 아니라, '모든 사람'에게 있습니다. 그렇기 때문에 다르다는 이유로 누군가를 존중하지 않고 무시한다면, 그것이 바로 '차별'이자 '인권 침해'가 된답니다. 〈별별이야기〉 '동물농장' 편에서 염소를 쫓아내고 다른 양들에게 인사도 못 하게 하는 어른 양이 바로 이 차별, 인권 침해를 한 것이지요. 양과 다르게 생겼다는 것이 염소를 몰아내고 무시할 이유가 결코 되지 못한다는 것을 우리 모두는 알고 있습니다.

염소는 혼자서 지내는 게 너무 외롭습니다. 그래서 양들과 같아지기 위해 노력합니다. 먼저 염소의 상징이라고 할 수 있는 곧게 뻗은 뿔을 스스로 톱으로 잘라냅니다. 양은 뿔이 없거나 둥근 뿔을 가지고 있기 때문에 자신의 뿔을 없애 버려야 한다고 생각한 거지요.

그런데 여러분, 그거 아세요? 동물의 뿔에도 모두 신경이 연결되어 있어서, 뿔을 자르면 몹시 큰 고통이 따른답니다. 염소는 양들과 같아지기 위해 아픈 고통을 참고 눈물을 흘리며 뿔을 잘라낸 거죠. 그리고 양들과 같아지기 위해서 양들의 몸에서 떨어져 나온 털을 모으기 시작합니다. 몇날며칠 밤을 새며 모은 털로 뜨개질을 해서 털옷을 만들어 뒤집어쓰고 양들의 울타리 안으로 들어갑니다.

그날 밤은 염소에게 무척이나 따뜻한 밤입니다. 추위를 혼자 견디며 외롭게 자는 게 아니라, 양들 사이에서 온기를 나누며 자는 밤은 포근했지요. 그리고 그토록 원하던 같이 먹이를 먹는 시간도 행복했습니다. 옹기종기 모여서 이런저런 소리를 내며 먹이를 먹는 식사시간이란 그야말로 염소에게는 환상의 시간이었지요. 물론 어른

염소는 양들과 같아지기 위해서 양들의 털을 모아 털옷을 만들어 입습니다. 하지만 결국 들키게 되고 어른 양은 자신들과 다르다는 이유로 염소를 계속 쫓아냅니다.

출처: 〈별별이야기-동물농장〉

양에게 들키기 전까지만 말이죠. 결국 어른 양에게 들켜서 이번에는 더 센 뒷발차기로 쫓겨납니다. 염소는 너무 슬픈 나머지 혼자서 더는 살고 싶지 않은 정도입니다.

참 안타까운 일이지요? 염소와 양이 서로 다름을 발견하면서 즐겁게 대화를 나눈다면 그만큼 재미있는 일도 없을 텐데 말이죠. 어른 양은 자신들과 다르다는 이유로 염소를 계속 쫓아냅니다. 그런데 그러는 자신은 행복할까요? 다른 존재를 향해 계속 인상을 쓰고, 폭력을 휘두르고, 어린 양들을 감시하느라 한 번도 밝은 표정을 지은 적이 없는데 말입니다. 사실 여러분도 알고 있을 겁니다. 누군가를 밀어내면 자기 자신도 행복하지 않다는 걸 말입니다. 오히려 자신의 속마음이 메말라 있다는 걸 증명하는 셈이지요. 메마른 곳에서는 행복이라는 나무가 자랄 수 없잖아요.

서로를 존중한다는 것은
다름을 다정하게 바라보는 일

인간에게는 엄청난 능력이 하나 있습니다. 누구에게나 주어진 능력이지요. 거의 초능력과 같은 겁니다. 그렇지만 이 초능력을 사용하는 사람도 있고, 사용하지 않는 사람도 있죠. 이 초능력은 나와 다른 사람을 연결하는 아주 큰 역할을 합니다. 이 책을 읽고 있는 여러분도 이 능력이 있으니 지금부터 한번 발휘해 볼까요?

영화 속의 염소 이야기를 들려드렸는데요, 이 이야기에 나오는 염소의 마음이 한번 되어 보는 겁니다. 염소는 지금 어떨까요? 염소의 마음이 어떠할까 생각해 보는 것이 바로 인간이 지닌 초능력이랍니다. 다른 사람의 마음을 생각할 줄 아는 것, 그것을 감수성이라고 말하지요. 감수성이라는 말은 감성이라는 말과는 조금 달라요. 감성은 자신의 마음을 생각해 보는 것이고, 감수성은 다른 사람의 마음을 생각해 보는 것입니다. '지금 저 사람의 마음이 어떨까?' 하고 가만히 다른 사람의 마음에 닿아 보는 능력이 바로 감수성입니다.

여러분, 그래서 인권 뒤에는 항상 감수성이라는 단어가 붙어요. 합쳐서 '인권 감수성'이라고 하죠. 다른 사람의 마음을 짐작해 볼 줄 아는 것이 바로 인권을 실천하는 사람들이 지닌 힘이랍니다.

염소를 생각하면 안타깝고, 속상하고, 가서 안아주고 싶고, 굉장히 외로울 것 같고, 양들이 너무하다는 생각이 들고 그런가요? 그렇다면 여러분의 초능력은 아주 잘 발휘되고 있는 겁니다. 이렇게 동물의 감정도 들여다볼 수 있는데, 우리 모두는 다른 사람의 마음을 잘 생각해 볼 수 있는 능력이 충분하겠지요.

이런 마음들이 모였기 때문일까요? 동물농장에 변화가 생겼어요. 염소는 울타리 밖에서 양들에게 무시당하며 혼자 살아가는 것이 힘들어서 모든 것을 포기하고 싶었어요. 바로 그 순간에 농장에 우르르 손님들이 도착합니다. 모자와 선글라스를 쓰고 커다란 가방을 끌고 말이죠. 사실 이들은 손님들이 아니라 아예 이 농장에 살려고 온 다른 동물들이랍니다. 양들이 살고 있는 농장 울타리 안으로 여러 동물이 들어오니 어른 양도 어쩔 수가 없나 봅니다. 오리, 닭, 젖소, 돼지, 이 다양한 동물들은 자연스럽게 울타리 안에 자리를 잡고 자신만의 시간을 보냅니다. 그리고 울타리 밖에 있는 염소를 보고

어느 날 농장에 오리, 닭, 젖소, 돼지 등 다양한 동물들이 찾아옵니다. 그리고 염소를 보고 반갑게 손을 흔드네요.

출처: 〈별별이야기-동물농장〉

반갑게 손을 흔드네요. 마치 같이 놀자는 듯이 말입니다.

　양들만의 농장처럼 보였던 동물농장은 이제 누구나 자유롭게 어울릴 수 있는 동물농장이 됩니다. 그리고 그 안에서 염소는 그 누구보다 밝은 표정으로 양들과 친구가 되어 산책을 합니다. 염소 혼자일 때는 따돌림을 당했지만, 서로 다른 동물이 더 많아지자 제각각의 '다름'이 잘 어우러질 수 있는 환경이 되었네요. 그것을 본 어른 양은 물웅덩이에 비친 자신의 얼굴을 들여다봅니다. 그동안 험상궂고 인상 쓰는 얼굴이었는데 그런 자신을 깨닫고 조금은 미소를 지어 보려고 노력하는 것 같습니다. 다른 동물들이 들어오기 전에 먼저 마음의 문을 열고 염소를 환영했더라면 더 좋았겠지만 말입니다.

이세 여러분에게 마시막으로 물어보겠습니다. 여러분은 날마다 누군가를 밀어내고, 인사를 나누고 싶어 하는 상대를 모른 체하고, 누군가의 눈물이 멈추지 않는 곳에 살고 싶나요? 아니면, 다 같이 음악을 들으며, 어울려 산책하고, 나란히 앉아 햇볕을 느끼며 웃음이 끊이지 않는 곳에 살고 싶나요?

여러분의 대답이 귓가에 들리는 것 같습니다. 누군가를 울게 하면서 웃는 소리보다 모두가 다 같이 웃는 소리가 훨씬 더 경쾌하고 아름답습니다. 우리부터 다르다는 이유로 누군가를 밀어내지 않는다면, 다른 사람이 느낄 감정을 들여다보는 초능력을 발휘할 수 있다면, 그것으로 이미 우리가 있는 세상은 아름답습니다. 그걸 함께 하는 여러분도 아름답고요.

나와 연결하여 생각해 보기

1. 이 영화는 대사가 없었죠? 우리가 한번 대사를 만들어 볼까요?

① 울타리 밖에서 울고 있는 염소에게 어떤 말을 해주고 싶은가요?

_____
_____
_____

② 어른 양은 어린 양들을 보호하기 위해 염소를 자꾸만 쫓아냅니다. 어린 양을 보호하는 일은 중요하지만 뭔가 잘못하고 있는 것 같죠? 어른 양에게 어떤 말로 설득할 수 있을까요?

_____
_____
_____
_____

2. 내가 좋아하는 영화 속 장면을 말해 주세요. 그 장면이 좋은 이유가 무엇인가요?

3. 영화 속 이야기를 바꿔 보세요. 내가 이 영화의 감독이라면 바꾸고 싶은 장면이나 스토리가 있나요? 자유롭게 상상해 보아요.

3

편견이 사라지면
평등한 기회가 주어진다

주토피아

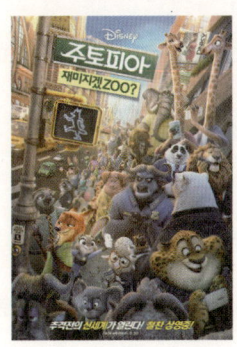

주디는 경찰이 되는 것이 오랜 꿈이었어요. 그 꿈을 이뤄서 가장 큰 도시이자, 모든 동물이 어우러져 산다는 완벽한 도시, '주토피아'에 가면 더없이 행복할 것 같았지요.

마침내 주디는 경찰학교를 졸업하고 경찰관이 되었어요. 그것도 수석으로 말이죠. 그토록 꿈꾸던 주토피아로 가는 기차 안에서 주디는 설레는 마음으로 자신의 미래를 상상합니다. 용감하게 범인도 잡고, 다른 경찰 동료들과 행복하게 같이 일하고, 안락한 집에서 맛있는 당근을 먹으며 사는 모습을요.

주디가 경험하고 있는 세상은 어떨까?

드디어 첫 임무가 주어지는 날. 아니 글쎄, 주디에게 주차단속 업무를 맡으라고 하는 거 아니겠어요? 뭐, 주차단속 업무가 나쁜 건 아니지만 주디가 경찰로서 하고 싶은 일은 사건을 수사하고 범인을 잡는 일이었거든요.

여기에서 잠깐, 주토피아 도시에 대해 알려줄게요. 주토피아는 초식동물과 육식동물, 그리고 아주 작은 동물까지 모든 동물이 '평등하고 평화롭게' 살아가는 곳이랍니다. 실제로는 동물 세계에서 육식동물들이 자신보다 작고 약한 동물을 잡아먹잖아요. 예를 들어 호랑이보다 작은 동물, 그러니까 토끼, 사슴 등이 호랑이의 먹이가 되는 거죠. 그런데 주토피아는 자신의 먹이가 될 수 있는 동물들, 그리고 자신을 잡아먹을 수 있는 동물들과 모두 어우러져 살아가는 곳입니다.

초식동물 입장에서 보면 자신을 잡아먹는 동물을 마주치면 무조

주토피아는 초식동물과 육식동물, 그리고 아주 작은 동물까지 모든 동물이 '평등하고 평화롭게' 살아가는 곳입니다. 하지만 토끼인 주디는 주토피아가 자신이 상상하던 곳이 아님을 점점 알게 됩니다.

출처: 〈주토피아〉

건 도망가야 하고, 피해다니기 위해 두려움 속에서 살아야 할 텐데 그런 위험이 없으니 얼마나 살기 좋겠어요. 또한 작은 동물을 잡아먹는 육식동물들도 먹이를 사냥하기 위해 바쁘게 움직일 필요가 없으니 평화롭고 여유로운 곳임이 분명하네요.

그,런,데! 토끼인 주디는 (분명 이런 위험은 없지만) 주토피아가 자신이 상상하던 곳이 아님을 점점 알게 됩니다. 모든 동물이 평등하다고 했는데, 몸집이 다른 동물들에 비해 작은 토끼인 주디에게만 고도의 제압 기술이 필요한 범인을 잡는 일이 맡겨지지 않습니다. 그리고 상사인 물소 서장은 자신을 무시하기 일쑤입니다.

주디는 자신이 토끼라는 이유로 차별을 당하고 있다는 생각에 우울해지기 시작합니다. 게다가 편의점에서 산 당근은 포장지의 사진과 다르게 너무 작아서 배도 안 부를 것 같고, 옆집은 너무 시끄러워서 마음이 슬퍼집니다. 자신이 무시를 당한다는 생각에 눈물이 나지만, 부모님이 걱정할까 봐 전화 통화를 하면서 눈물을 꾹 참고 잘 지내고 있다고 이야기합니다. 언제쯤 자신이 하고 싶은 사건 수사와 범인 잡는 일을 할 수가 있을까요?

여러분, 이 영화의 제목인 〈주토피아〉가 무슨 뜻인 줄 아세요? 바로 '유토피아'라는 말을 동물들이 사는 영화 속 세상을 표현하는 말로 바꾼 거예요. 'ZOO(동물원)+유토피아', 이렇게 합쳐진 말이죠. 유토피아라는 말은 '어느 곳에도 없는 장소'라는 뜻으로, 인간이 생각할 수 있는 최선의 상태를 갖춘 완전한 사회를 표현하는 말입니다.

여러분, 지금 우리 사회는 아무런 편견이 없고 모두가 평등한 사회인지 잠시 생각해 볼래요? 분명 편견도 가득하고 모두가 평등하다고 말할 수 없지요. 바로 토끼 주디가 주토피아 도시에서 느끼고 있는 것처럼 말입니다. 그러면 우리는 이 세상을 탓하며 투덜거리며 살아야 할까요? 아니면, 우리라도 편견을 없애기 위해 노력해야 할까요? 그렇다면 주디는 이런 상황을 어떻게 헤쳐 나갈까요?

편견이 아닌 호기심으로 바라보기

여러분, '호기심'이라는 단어를 아나요? 호기심은 '새롭고 신기한 것을 좋아하거나 모르는 것을 알고 싶어 하는 마음'을 말합니다. 그래서 아기의 눈을 보면 호기심이 가득하죠. 왜냐하면 아기에게 세상은 온통 새로운 것투성이거든요. 그래서 '우와, 새로운 저것이 무엇이지?' 하는, 알고 싶어 하는 마음이 가득합니다. 새로운 것을 알고 싶어 하고, 신기하게 바라보고, 탐구하는 눈빛이 바로 아기들의 눈빛, 즉 호기심이 가득한 눈빛입니다. 《대화의 심리학》이라는 책에 이런 말이 있어요.

"다른 사람과 소통할 수 있는 유일한 길은 호기심을 갖는 것이다."

주디가 주토피아에 올 때 이런 눈빛이었지요. 그런데 지금은 자신을 호기심 있게 바라보지 않는 이 세상 때문에 '편견'이라는 벽에 부딪혔고, 세상과 소통하기는커녕 아무도 자신을 알아봐 주지 않는 것 같아 외롭습니다. 자신이 뭘 좋아하는지, 뭘 잘하는지, 뭘 하고 싶은지 알려고 하지 않고 오직 토끼라는 겉모습만 보고 어떤 기회도 주지 않으니 좌절할 수밖에요. 주토피아에 오면 모두가 편견 없이 소통할 줄 알았는데 그게 아니었네요.

원하지 않는 주차 딱지 떼는 일을 하던 주디는 드디어 기회를 잡습니다. 동물들이 연속적으로 실종되는 사건을 맡게 된 것입니다. 그러나 48시간 내에 사건을 해결하지 못하면 주디는 경찰을 그만둬야 하기에 마음이 급합니다. 주디는 우연히 알게 된 여우 닉과 함께 사건을 해결하게 되는데, 그러면서 자신 역시 여우에 대한 편견을 가지고 있음을 발견하게 됩니다. 여우는 교활하다고 어릴 적부터 들어왔고, 많은 동물이 그렇게 생각하고 있기에 주디 역시 여우가 위험할지 모른다고 생각하고 있었던 것 같아요. 부모님이 준 '여우 퇴치 스프레이'를 항상 가지고 다닌 것을 보면 말이죠.

주디는 사건을 해결하기 위해 닉과 같이 다니면서 여우 역시 사

출처: 〈주토피아〉

동물들이 실종되는 사건을 맡게 된 주디는 우연히 알게 된 여우 닉과 함께 사건을 해결하면서 자신 역시 여우에 대한 편견을 가지고 있음을 깨닫게 됩니다.

회에서 차별을 당하고 있다는 걸 알게 됩니다.

"세상이 여우를 믿지 못할 교활한 짐승으로 본다면, 굳이 다르게 보이려고 애쓰지 말자."

여우 닉이 어릴 적에 여우라는 이유로 친구들에게 따돌림 당하고 운다고 놀림 당했던 일을 주디에게 고백하면서 한 말입니다. 이 말 속에는 그동안 닉이 세상의 편견 속에서 얼마나 마음 고생하고 속상했을지, 그래서 결국은 체념하게 된 심정이 고스란히 담겨 있습니다.

주디는 단지 토끼라는 이유만으로 범인 잡는 일을 못 해낼 거라는 편견과 차별을 받고 있는 자신조차 닉에게 편견을 가지고 있었음을 깨닫습니다. 그리고 닉도 자신과 같은 일을 겪었다는 사실을 알게 되면서 그와 진정한 친구가 됩니다.

누군가가 자신을 제대로 알지도 못하면서 편견을 가지고 무시하거나 차별한다면, 그것만큼 속상한 일은 없을 겁니다. 그리고 이런 편견은 인간관계를 파괴하고, 사회를 더욱 삭막하게 만들죠. 나를 향해 누군가가 편견을 가지고 있는 것을 살펴보는 것도 중요하지만, 내가 누군가를 향해 편견을 가지고 차별하고 있는 것은 아닌지를 살펴보는 것 또한 아주 중요하지요.

평등한 시선을 받을 권리,
평등한 기회를 가질 권리

　주디와 닉은 48시간이라는 짧은 시간 동안 실종된 모든 동물들을 찾아냅니다. 실종된 동물들은 모두 포식자들이었고, 어떤 이유에서인지 포악하게 변해서 주변 다른 동물을 마구 공격하는 모습을 보이고 있습니다. 실종된 동물들을 찾아낸 주디는 기자회견을 하게 되는데, 그만 말실수를 하고야 맙니다.
　"포식동물 DNA는 생물학적으로 포악해질 가능성을 가지고 있다."라고 말이죠.
　순식간에 주토피아는 분열되기 시작합니다. 초식동물은 포식동물이 가까이 오는 것을 두려워하고, 포식동물들은 자신들을 의심의 눈빛으로 바라보는 초식동물을 보며 마음이 상합니다. 모두가 평등하게 어우러져 살기 위한 그동안의 노력들이 물거품이 되는 것 같습니다. 이제 서로를 경계하고 두려워하면서 주토피아는 갈라지기 시작합니다. 닉 역시 주디의 말에 단단히 실망을 한 것 같고요.
　경찰을 그만두고 고향에 가서 당근 농사를 돕던 주디는 우연하게 실종된 포식동물들이 왜 포악해졌는지 이유를 알게 됩니다. 그들은 생물학적으로 포악해질 가능성이 있었던 게 아니라 누군가의 음모에 의해 약물이 주입되어 그렇게 변했던 거였어요. 포식동물만 노려서 포악하게 만들어 초식동물과 포식동물은 결국 함께할 수 없다고 도시 전체가 믿게 하고, 포식동물을 주토피아에서 쫓아내려는 엄청난 음모가 있었던 겁니다.

주디는 자신에게 실망한 닉을 찾아가 사과를 합니다.

"난 끔찍한 친구였어. 네게 상처를 줬으니까."

주디의 진심 어린 사과에 닉은 마음을 풀고 다시 주디를 친구로 받아 줍니다. 이제 죽이 척척 맞는 주디와 닉은 서로를 믿으며 사건을 완전하게 해결합니다. 주토피아는 다시 예전처럼 모든 동물이 평화롭게 어우러져 살아가는 모습을 되찾고, 닉은 여우 최초로 경찰이 되지요.

주디처럼 우리는 누군가를 오해하고, 오해로 인해 차별을 할 수도 있습니다. 그건 나만의 잘못이 아니라, 이 사회 안에 이어져 내려온 편견이 나에게 들어왔기 때문일 수 있거든요. 인종 차별, 장애인 차별, 성별 차별, 돈이 많고 적음에 따른 차별, 공부를 잘하고 못하는 것에 따른 차별, 겉모습만 보고 판단하는 차별, 말하고 행동하는 걸 보고 오해하는 차별 등이 말입니다.

여러분은 어떤 곳에 살고 싶은가요? 서로를 존중하며, 모두에게 평등한 기회가 주어지는 세상이면 좋겠지요. 이런 사회는 그냥 주어지는 게 아니라 모두가 노력해야 가능합니다.

출처: 〈주토피아〉

 그래서 우리는 누군가를 바라볼 때 차별의 시선으로 보는 건 아닌지, 혹여나 차별하고 있지는 않은지 늘 점검해 봐야 하죠. 그리고 자신도 모르게 누군가를 오해하고 차별했다면, 주디처럼 용기 있게 사과할 수 있어야 진정 멋있는 사람이라 할 수 있습니다.
 "내가 그동안 너를 잘못 알았어. 너를 그렇게 봐서 미안해."
 그렇다면 우리는 누구와도 친구가 될 수 있고, 좋은 인간관계를 맺어갈 수 있을 겁니다.
 여러분은 어떤 곳에 살고 싶은가요? 서로를 존중하며, 모두에게 평등한 기회가 주어지는 세상이면 좋겠지요. 이런 사회는 그냥 주어지는 게 아니라 모두가 노력해야 가능합니다. 누구에게나 평등한 시선을 받을 권리가 있고, 이 권리는 평등한 기회로 이어집니다. 주디가 닉을 이해하고 믿었기에 큰 사건도 해결하고 좋은 경찰 파트너를 얻은 것처럼 말입니다.

영화 마지막에 주디는 이렇게 연설을 합니다.

"우리 모두 단점이 있고 우리 모두 실수를 하죠. 서로를 이해하려고 노력할수록 서로의 차이를 더 포용하게 될 거예요. 여러분이 어떤 동물이든 지금보다 더 좋은 세상을 만들 수 있게요. 변화의 시작은 여러분 모두이며, 나 자신이며, 우리 모두니까요."

참 멋진 말이죠? 주디의 말처럼 모두가 사이좋게 지내고 꿈을 이룰 수 있는 유토피아는 지금 당장 우리의 눈과 마음에서 시작된다는 걸 기억하면 좋겠습니다.

나와 연결하여 생각해 보기

1. 영화 속 이 대사는 무슨 의미일까?

1) 주디 : "변화의 시작은 당신 그리고 바로 나, 정확히 우리 모두죠."

생각이 변화하는 시작점은 너와 나, 우리 모두라고 말합니다. 내 생각이 변하면 세상도 변화된다는 말이네요. 왜 내 생각의 변화가 세상의 변화를 만드는 시작일까요?

---

2) 주디 : "같은 동물끼리는 귀엽다고 해도 되지만 다른 동물이 귀엽다고 하는 건 좀 기분이 나쁘거든."

귀엽다는 말을 다른 동물, 특히 큰 동물이 작은 동물에게 할 때 기분이 나쁘다고 주디가 말했는데, 이 말의 뜻이 무엇일지 생각해 볼까요?

---

2. 내가 좋아하는 영화 속 장면을 말해 주세요. 그 장면이 좋은 이유가 무엇인가요?

_____

_____

_____

_____

3. 영화 속 이야기를 바꿔 보세요. 내가 이 영화의 감독이라면 바꾸고 싶은 장면이나 스토리가 있나요? 자유롭게 상상해 보아요.

_____

_____

_____

_____

● 이 책에 실린 영화 장면은 저작권법 28조와 35조 5에 근거하여 독자들의 이해를 돕기 위해 실은 것임을 밝힙니다. 영화 홍보상 이미 공표되어 있는 장면들만 수록하였으며, 도서 편집 과정에서 추가한 것입니다.

존중과 공감을 만나는 초등 영화인문학
다정한 내가 좋다
ⓒ 원은정·정현아·김보라

1판 1쇄 발행 2023년 12월 27일
지은이 원은정·정현아·김보라
펴낸이 전광철 **펴낸곳** 협동조합 착한책가게
주소 서울시 마포구 독막로 28길 10, 109동 상가 b101-957호
등록 제2015-000038호(2015년 1월 30일)
전화 02) 322-3238 **팩스** 02) 6499-8485
이메일 bonaliber@gmail.com
홈페이지 sogoodbook.com

ISBN 979-11-90400-50-3 (73100)

•책값은 뒤표지에 있습니다.
•잘못된 책은 구입하신 서점에서 바꾸어 드립니다.